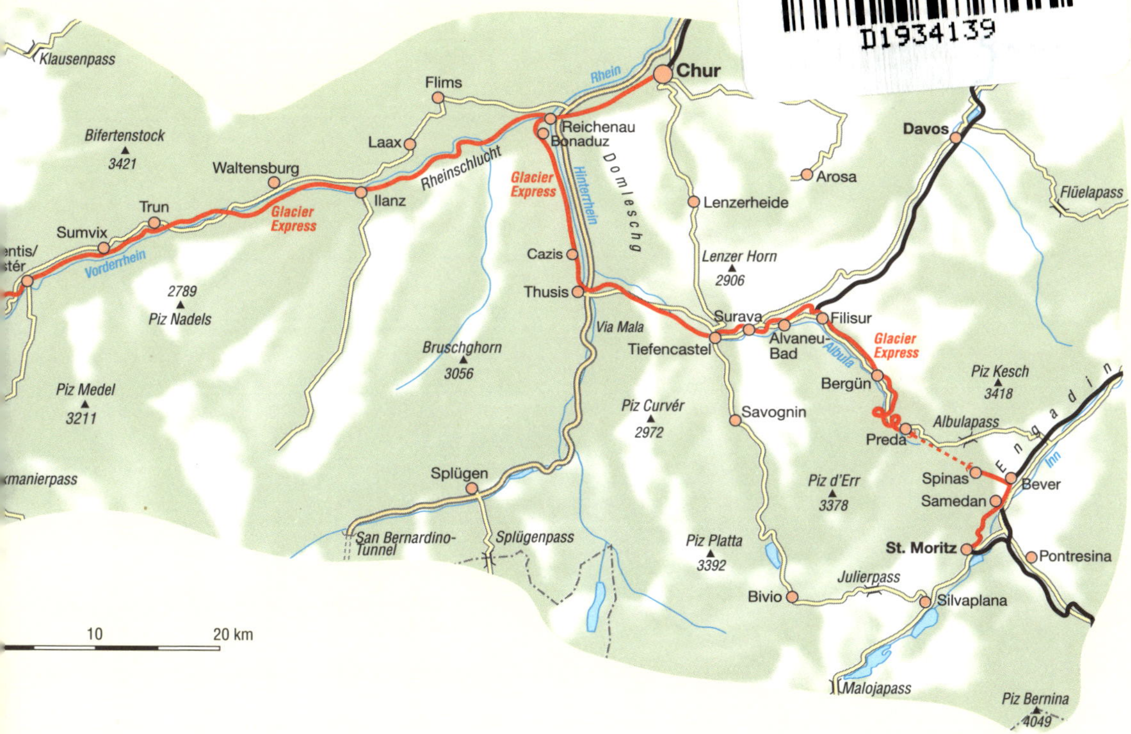
Klausenpass
Chur
Rhein
Flims
Reichenau
Bonaduz
Davos
Bifertenstock
3421
Laax
Domleschg
Waltensburg
Rheinschlucht
Glacier Express
Hinterrhein
Arosa
Trun
Ilanz
Glacier Express
Lenzerheide
Flüelapass
Sumvix
Glacier Express
Cazis
Lenzer Horn
2906
Vorderrhein
Thusis
2789
Piz Nadels
Surava
Filisur
Via Mala
Tiefencastel
Alvaneu-Bad
Albula
Glacier Express
Bruschghorn
3056
Piz Kesch
3418
Piz Medel
3211
Bergün
Engadin
Piz Curvér
2972
Savognin
Albulapass
Preda
Inn
Spinas
Bever
Splügen
Piz d'Err
3378
Samedan
St. Moritz
Pontresina
San Bernardino-Tunnel
Splügenpass
Piz Platta
3392
Julierpass
Bivio
Silvaplana
10
20 km
Malojapass
Piz Bernina
4049

GLACIER EXPRESS
ST. MORITZ – ZERMATT

Hans Eckart Rübesamen
Iris Kürschner

GLACIER EXPRESS ST. MORITZ – ZERMATT

Die Traumreise im langsamsten Schnellzug der Welt

Verlag Berg & Tal

Inhalt

Die Fenster der lichtdurchfluteten Panoramawagen öffnen den Blick in die Berglandschaft auf beiden Seiten.

Verehrter Leser, verehrte Leserin,

ich versuche mir vorzustellen, wo und wie Sie sich in dem Augenblick befinden, da Sie dieses Buch zum ersten Mal in die Hand nehmen:

1. Sie haben die Fahrt mit dem Glacier Express schon hinter sich, haben den Band zur Erinnerung mitgenommen und fahren jetzt die ganze Strecke genüsslich im Geiste noch einmal ab. Sehr gut!
2. Sie haben die Fahrt noch vor sich, die Anreise vielleicht auch, und benutzen das Buch, um sich auf das, was Sie sehen und erleben werden, vorzubereiten. Noch besser!
3. Sie sitzen bereits im Zug, weil Sie das Buch erst am Bahnhofskiosk entdeckt haben, als Sie eigentlich nur eine Zeitung oder Zigaretten kaufen wollten. Auch gut! Aber Sie werden Ihre Aufmerksamkeit zwischen dem unmittelbaren Fahrterlebnis und der Lektüre teilen müssen, was Ihnen eine gewisse geistige Beweglichkeit abverlangen wird. Die »Macher« des Buches haben sich bemüht, Ihnen die Orientierung nach Möglichkeit zu erleichtern.

Alljährlich im März wird im Engadin Chalanda Mars gefeiert, aufregend vor allem für die Kleinen.

Ob Sie aber auch zum Fall eins, zwei oder drei gehören – ein Licht wird Ihnen unverzüglich aufgehen. Es ist die erleuchtende Erkenntnis, dass Sie wiederkommen müssen!

Denn was in den gut siebeneinhalb Fahrtstunden vor Ihren Augen wie ein Film abläuft (abgelaufen ist), ist eine Flut von Bildern, von Eindrücken, wie es sie schöner und aufregender auf dieser Erde wohl nicht gibt. Kein Verkehrsverein bezahlt mich dafür, dass ich in seinem Namen kräftig auf die Werbepauke haue. Doch allein Anfang und Ende dieser Fahrt – Sankt Moritz und Zermatt oder Zermatt und Sankt Moritz – werden von Superlativen markiert, die im Alpenraum nicht zu überbieten sind. (Fragen Sie einmal in Kalifornien oder Japan herum, was man in den Alpen gesehen haben muss!) Und was dazwischen liegt, verbunden nur durch die Gleise, auf denen unser Express gemächlich dahineilt – Gletscher, Gipfel, Pässe, Täler, Flüsse, Seen, Dörfer und Städte, Schlösser und Klöster, nicht zu vergessen Viadukte, Tunnels und Kehrschleifen – das reiht sich aneinander wie eine Kette voller Kostbarkeiten, die zu zählen man bald aufgibt. Wie wollen Sie alles mitbekommen, ohne wiederzukommen? Damit wir uns recht verstehen: Ich möchte Sie, wenn ich nun die Fülle der Phänomene vor Ihnen ausbreite, nicht entmutigen. Im Gegenteil, ich möchte Sie animieren, sich jetzt schon zu überlegen, wo Sie das nächste Mal Station machen wollen, für ein paar Stunden, ein paar Tage, ein paar Wochen ... Soll es vor Beginn der Fahrt sein, im Anschluss daran, oder irgendwo unterwegs? An Anregungen, hoffe ich, wird es nicht fehlen. Und so könnten – ich wünsche es Ihnen – die siebeneinhalb Stunden im Glacier Express zum unvergesslichen Vorspiel für eine lebenslange Liebesaffäre werden.

Hans Eckart Rübesamen

Bild gegenüberliegende Seite: Nur mit Zahnradantrieb schafft der Glacier Express die Steigung zum 2033 Meter hohen Oberalppass.

Alles fließt, alles bewegt sich – die Erkenntnis des griechischen Philosophen Heraklit gilt natürlich auch für die Züge des Glacier Express. Ab Sommer 2006 rollen neue Express-Kompositionen zwischen St. Moritz und Zermatt hin und her, die aus je fünf modern gestylten Panoramawagen (zwei 1. Klasse, drei 2. Klasse) und einem Servicewagen zusammengestellt sind. Hunger und Durst leiden muss man in ihnen ebenso wenig wie bisher. Frisch zubereitete Mahlzeiten werden hier am Sitzplatz serviert, außerdem gibt es eine Snack- und Getränkebar. In den anderen Zügen fährt wie bisher ein Speisewagen mit, in dem man seinen Platz für den Lunch am besten vorher reserviert. Für Gruppenreisen ist die Reservierung unerlässlich.

Im Glacier Express treffen sich alle Generationen. Bild rechts: Am Landwasserviadukt wird stets um den besten Fensterplatz gekämpft.

Der Glacier Express auf einen Blick

Entfernung Sankt Moritz – Zermatt: 291 km

Anteil der Rhätischen Bahn: 150,35 km
Anteil der Matterhorn-Gotthard-Bahn: 140,65 km

Fahrzeit von Sankt Moritz nach Zermatt: 7 Std. 48 Min.
Fahrzeit von Zermatt nach Sankt Moritz: 7 Std. 42 Min.

Höhen über dem Meer:	Sankt Moritz 1856 m Albula-Tunnel 1820 m (höchster Eisenbahntunnel Europas) Chur 585 m Oberalppass 2033 m Andermatt 1436 m Brig 671 m Zermatt 1605 m Bergstation Gornergrat über Zermatt 3089 m
Spurweite:	durchgehend 1000 mm
Zahnradstrecken:	18,5 km zwischen Disentis und Brig 7,6 km zwischen Birg und Zermatt
Brücken, Viadukte:	291
Tunnels:	91
Furka-Basistunnel:	15,4 km, längster Schmalspurbahntunnel der Welt
Autoverladung:	Samedan – (Ablula –) Thusis Sedrun – (Oberalp –) Andermatt Realp – (Furka –) Oberwald

Adressen für Information und Reservierung

Rhätische Bahn, Bahnhofstr. 25, CH-7002 Chur; Tel. 081-288 61 04, Fax 288 61 05; www.rhb.ch
Matterhorn Gotthard Bahn, Nordstr. 20, CH-3900 Brig; Tel. 027-927 77 77, Fax 927 77 79; www mgbahn.ch
Internet: www.glacierexpress.ch

Reservierung für Speisewagen: Elvetino AG, Gürtelstr. 14, Postfach CH-7001 Chur; Tel. 081- 252 14 25, Fax 250 01 51; www.elvetino.ch

Sankt Moritz und das Oberengadin

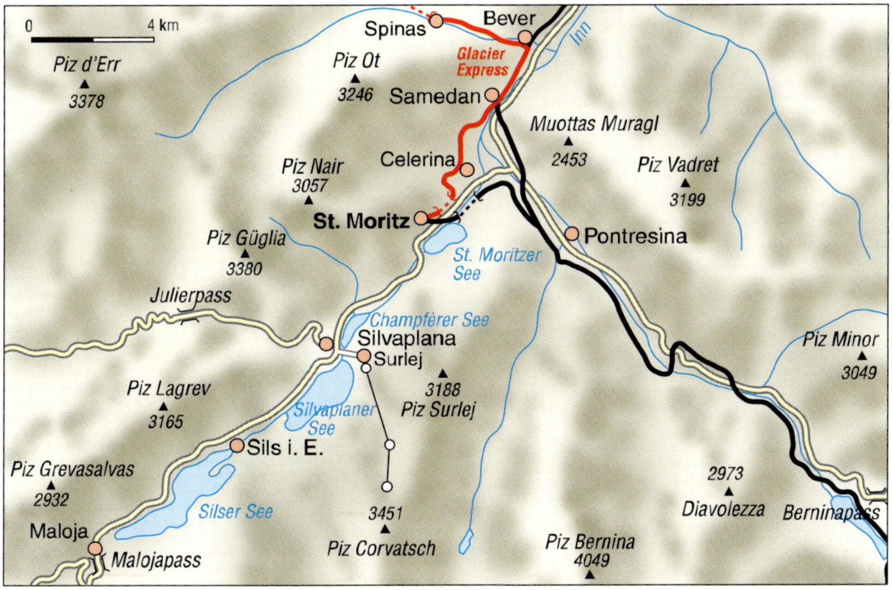

Einen aussichtsreicheren Arbeitsplatz wie in der Bahn zum Muottas Muragl kann man sich nicht vorstellen.

Sankt Moritz: Weltberühmter Wintersport- und Kurort, Schauplatz der Olympischen Spiele 1928 und 1948; besteht aus Sankt Moritz-Dorf (1856 m) und Sankt Moritz-Bad (1770 m); bereits in römischer Zeit genutzte Schwefelquellen.
Muottas Muragl: Bergrücken zwischen Samedan und Pontresina, herrlicher Aussichtspunkt.
Malojapass: südwestlich von Sankt Moritz gelegener, 1815 Meter hoher Pass.
Maloja: Wintersportort, Startplatz des »Engadiner Skimarathons«; der Dorffriedhof beherbergt das Grab des Alpenmalers Giovanni Segantini.
Sils: zwischen dem Silser See und dem Silvaplaner See gelegener Doppelort (Sils-Baselgia und Sils-Maria); Nietzschehaus; Fextal.
Silvaplana: Sommer- und Winterkurort, der zwischen dem Silvaplaner See und dem Champfèrer See liegt.
Surlej: Talstation der Bergbahn auf den Piz Corvatsch (3451 m).
Pontresina: Sommerkur- und Wintersportort an der Berninastraße; Bergstation des Bernina-Express; sehenswertes Bergkirchlein Santa Maria mit Wandmalereien aus dem 13. und 15. Jahrhundert; fünfeckiger Spaniola-Turm.

Bild gegenüberliegende Seite: Über St. Moritz senkt sich die Dämmerung. Im Hintergrund ist derzugefrorene See gerade noch zu erkennen.

Seitdem eine (fast) autofreie Zone geschaffen worden ist, hat das Zentrum von St. Moritz sehr gewonnen.

Weltberühmt durch Wintersport

Womit fängt man an in Sankt Moritz? Mit dem schiefen Turm? Mit der dreitausend Jahre alten Badequelle, an der schon die Ureinwohner und Gäste von auswärts Heilung gesucht haben? Oder ist wieder ein Superlativ fällig: »Das berühmteste Dorf der Welt«? An dem habe ich freilich meine Zweifel. Lourdes und Oberammergau hätten da mindestens ebenso gute Chancen. Auch würde ich den Ort mit seinen fünf Fünf-Sterne-Hotels – Zürich hat übrigens nur vier! – nicht mehr als Dorf bezeichnen wollen. Doch man soll es sich nicht unnötig schwer machen. Fangen wir also an mit dem, der Sankt Moritz zu einer Weltberühmtheit unserer Zeit gemacht hat: mit dem Wintersport.
Auf diesem Gebiet kann zumindest im europäischen Rahmen kein anderer Ort ihm den Rang, den es sich selbst verliehen hat, streitig machen: »Top of the World«. Außerdem kann Sankt Moritz fast jedes Jahr ein anderes Jubiläum feiern. Zuletzt stand es ganz im Zeichen von »150 Jahre St. Moritzer Hotellerie 1856 – 2006«. Bis dahin war Sankt Moritz nur eine Sommerfrische gewesen, wie bereits mancher andere Ort in den Alpen. Damals hatte der ehrbare Gastwirt Johann Badrutt eine Idee und riskierte eine kostspielige Wette, um seine englischen Sommergäste auch in den Glanz und die Wärme der Engadiner Wintersonne zu locken: Er stiftete ihnen freien Aufenthalt in seinem Haus von Weihnachten bis Ostern, wenn ihnen der Winter im Engadin nicht viel besser gefiele als der Sommer in London. Halb schneeblind kamen die Briten Anfang Januar

in Sankt Moritz an, weil sie im weihnachtlichen London begreiflicherweise nicht daran gedacht hatten, ihre Sonnenbrillen einzupacken. Badrutt empfing sie hemdsärmelig vor seinem Haus. Und damit war das Schicksal des Engadins entschieden. Im Winter darauf strömten bereits über hundert Inselbewohner der Sonne von Sankt Moritz entgegen. Die Rechnung des schlauen Wirts war glänzend aufgegangen.

Auch weiterhin hat Sankt Moritz sich als, wenn man so sagen darf, kreatives Pflaster in Sachen Wintersport erwiesen. Im Jahr 1880 gründeten die Briten einen Curling-Club und trugen das erste Curling-Match auf kontinentalem Boden aus. 1884 ließen sie eine künstliche Schlittenbahn anlegen, den berühmt-berüchtigten Cresta-Run. Dem Cresta-Club – mit Sitz in London – anzugehören, ist noch heute eine der höchsten gesellschaftlichen Auszeichnungen, deren »Mann« teilhaftig werden kann. (Frauen sind auch in der Bahn nicht zugelassen, da man diese für zu gefährlich hält.) Um 1890 wurde die Urform des Bobschlittens in Sankt Moritz entwickelt. Und 1895 haben eifrige Hüpfer einen Schneehügel zusammengeschaufelt, um die erste Skispringkonkurrenz auszutra-

Hotels

Mehr Luxushotels an einem Ort als in St. Moritz gibt es in der ganzen Schweiz nicht! Das *Suvretta House*, das *Kulm-Hotel*, *Badrutt's Palace*, das *Carlton Hotel* und das *Kempinski Grand Hotel des Bains* genießen Weltruf und setzen alles daran, ihre Gäste nach Strich und Faden zu verwöhnen.
Das hat bekanntlich seinen Preis. Es gibt aber auch in St. Moritz eine Reihe von Hotels in der Drei- und Vier-Sterne-Kategorie, die den Reise-Etat weniger stark belasten. Empfehlenswert sind etwa: Der *Schweizerhof*, das *Steffani*, beide zentral gelegen, das *Waldhaus am See* und das *La Margna* nahe beim Bahnhof. In deren Restaurants kann man auch gut essen.

Restaurants

Wer nicht im Hotelrestaurant essen will oder muss, kann eine der folgenden Adressen ausprobieren:
Chesa Veglia, in einem alten Engadiner Bauernhaus, traditioneller Prominenten-Treffpunkt, einst durch Stammgäste wie den Schah von Persien oder Gunther Sachs berühmt geworden;
Veltliner Keller, sehr gute Regionalküche, Treffpunkt auch der Einheimischen;
Jöhri's Talvo, Luxusrestaurant im Vorort Champfer;
Mathis Food Affairs, an der Bergstation der Corviglia, auf 2484 m Höhe, schönste Aussicht auf Essen, Trinken und die Bergwelt der Bernina;
Café Hanselmann, Plüsch-Atmosphäre vergangener Jahrzehnte, aber groß in Engadiner Nusstorten und anderen süßen Leckereien.

Bars

Unter den durchweg empfehlenswerten Bars der großen Hotels gilt die im *Kulm* als allererste Adresse. Originell für spezielle Liebhaber: die Bar im *Waldhaus am See* mit fast 1000 Whisky-Labels!

Das Hotel Waldhaus rühmt sich der umfangreichsten Whisky-Bar Europas. Auch ein typisch St. Moritzer Superlativ.

gen. Angesichts der bis zu fünfzehn Meter weiten Sprünge stiegen zahlreichen Zuschauern, wie ein Augenzeuge berichtete, »die Haare zu Berge«.
Um die Jahrhundertwende hatte das sportliche und gesellschaftliche Leben von Sankt Moritz, nach wie vor unter Führung der Briten, einen Höhepunkt erreicht, der alles in den Schatten stellte, was sich damals sonst noch in den Alpen tat. Die traditionelle Führungsrolle hat der Ort bis zum heutigen Tag fest im Griff behalten. Wenn er sich mit dem stolzen Prädikat schmückt: »Weltweit die Nummer eins im Wintersport«, dann ist das nicht der flotte Spruch eines Kurdirektors, sondern nichts als die reine Wahrheit.
In Sankt Moritz sind zweimal (1924 und 1948) Olympische Winterspiele ausgetragen worden und viele Weltmeisterschaften in verschiedenen Sportarten. Es gibt praktisch nichts, was es hier nicht gäbe. Bob, Skeleton, Curling, Eislauf, Langlauf, Drachenfliegen, Skispringen, ja sogar Golf, Polo und Pferderennen auf dem zugefrorenen Sankt Moritzer See!
Dabei ist, ganz bewusst, von der populärsten aller Wintersportarten noch gar nicht die Rede gewesen: vom Skifahren auf und neben der Piste. Der Hausskiberg von Sankt Moritz ist die Corviglia mit Piz Nair, Marguns und allem,

Der Gipfel des Piz Nair mit seinem berühmten Steinbock, der schon von vielen für echt gehalten worden ist.

was dazugehört; ein Pistenrevier, das die Wünsche aller erfüllt, der Anfänger, der Mittelklassefahrer und der Asse. Doch man muss die ganze Region einbeziehen: den Piz Corvatsch bei Surlej, die Furcellas bei Sils, die Diavolezza und die Lagalb oberhalb von Pontresina – ein abwechslungsreiches, sportlich interessantes und landschaftlich überwältigendes Riesenrevier. Es gibt Fans, die Zermatt, die Orte am Arlberg oder französische Großstationen vorziehen. Das ist dann nur noch Geschmackssache. Doch zu den »Top Ten«, vielleicht gar zu den »Top Five«, gehört auch das Skigebiet des Oberengadins; darüber ist alle Welt sich einig.

Von Anfang an ist Sankt Moritz Treffpunkt der »feinen Gesellschaft«, der »Snobiety«, des »Jetset«, oder wie immer man das nennen will, gewesen. Und noch heute findet man an keinem anderen Wintersportplatz so viel Prominenz, ob hochkarätig oder halbseiden, wie hier. Geburts- und Geldadel, Weltstars und Playgirls verbinden sich zu einer raffinierten Amüsier- und Partymischung, die einzigartig ist. Das gilt speziell für die beiden Wochen nach Weihnachten und für den Februar. Außerhalb dieser Zeiten geben auch in Sankt Moritz »normalsterbliche« Wintersportler den Ton an; nur gut bei Kasse müssen sie sein.

Der schiefe Kirchturm ist das architektonische Wahrzeichen von St. Moritz.

Sehenswürdigkeiten in St. Moritz

Schiefer Turm
Wahrzeichen des 5500-Einwohner-Ortes ist der „Schiefe Turm", ein Relikt der St.-Mauritius-Kirche, die um 1570 erbaut und 1890 abgebrochen worden ist. Der Turm ist 33 Meter hoch und hat eine Neigung von 5,5 Grad.

Segantini-Museum
Das Museum mit seiner bemerkenswerten Kuppel ist dem Werk des Malers Giovanni Segantini (1858 – 1899) gewidmet, der seine letzten Jahre im Oberengadin gelebt und gearbeitet hat (s. S. 17). Er wird mit Recht als Maler des Hochgebirges und seiner Menschen gerühmt; eine Reihe seiner schönsten Bilder sind Motive aus dem Engadin.

Engadiner Museum
Reichhaltige Sammlung alter Möbel und Gebrauchsgegenstände aus dem Engadin.

Standseilbahn zur Corviglia
Der untere Bahnabschnitt bis zur Chanterella wurde bereits im Jahr 1913 in Betrieb genommen. Seither ist die Bahn immer wieder erneuert und modernisiert worden. Von der Bergstation auf der Corviglia (2484 m) hat man einen prächtigen Blick über das Oberengadin. In den beiden Restaurants von Mathis „on the rocks" (La Marmite und Brasserie) kann man teils nobel, teils schlichter essen (s. S. 26).

Alle Informationen: Kur- und Verkehrsverein, St. Moritz, Via Maistra 12; Tel. 0041-81-837 33. www.stmoritz.ch

Aussichtsloge Muottas Muragl – die Engadiner Seenplatte mit St. Moritz, im Hintergrund der Malojapass, über den es ins Bergell und nach Italien geht.

Blick übers Oberengadin

Die Wintersaison im Oberengadin dauert bis Ende April, der Winter selbst oft länger. Für den kurzen, wetterwendischen Frühling entschädigen ein herrlicher Sommer und ein farbenprächtiger Herbst. Zeit genügend also, unser Blickfeld auf das ganze Oberengadin auszuweiten! Wenn man sagen kann, dass der Wintersportort Sankt Moritz vor allem ein Produkt einfallsreicher Briten mit Sportsgeist und cleverer Einheimischer mit ausgeprägtem Geschäftssinn ist, ein Werk von Menschen also, denen die Natur günstige Rahmenbedingungen geliefert hat, dann muss man auch sagen, dass das Oberengadin ein herrliches Geschenk der Natur ist, an dem den Menschen allenfalls das Verdienst zukommt, es (noch) nicht kaputtgemacht zu haben. Doch sehen Sie selbst:
Muottas Muragl heißt ein bescheidener Bergrücken zwischen Samedan und Pontresina, der aber den umfassendsten und instruktivsten Blick über das Oberengadin bietet; denn er liegt genau in der Verlängerung der Seenkette, die, durch den jungen Inn verbunden, am Malojapass beginnt und vor Sankt Moritz endet. Fahren wir also gemeinsam hinauf mit der guten alten Standseilbahn, einer der ältesten in den Alpen (Baujahr 1907)! Am schönsten ist es hier oben am späten Nachmittag, im Gegenlicht der untergehenden Sonne, wenn die Seen wie Perlmuttschalen silbern heraufschimmern. Umrahmt werden sie von Wiesen und Wäldern in zauberhaften Farbschattierungen, überragt von den stolzen Gipfeln beiderseits des Julierpasses (Piz Julier, 3380 m) zur Rechten, von den

eisigen Häuptern der herrlichen Bernina zur Linken, die mit dem Piz Bernina (4029 m) den höchsten Punkt der Ostalpen bilden. Ein Bild von erhabener Harmonie und für viele der schönste Ausblick der Welt.

Vor hundert Jahren muss dieses Bild freilich noch harmonischer gewesen sein. Denn die Menschen, die damals hier gelebt haben, die meisten in Armut, hatten keine Möglichkeit, sich die Landschaft zu unterwerfen, wie wir es heute tun oder zumindest geschehen lassen. So ist nicht zu übersehen, dass dem Tourismus, dem wichtigsten Wirtschaftsfaktor des Oberengadins, Tribut gezollt werden musste. Doch dieser Tribut hält sich in Grenzen. Und seien wir ehrlich: Hätten wir ohne Tourismus den Weg hierher gefunden? So hat alles seinen Preis. Es wird nur höchste Zeit, dass wir im Verbrauch von Natur endlich kostenbewusster werden!

Fast hundert Jahre ist es her, dass der Maler Giovanni Segantini, aus Arco am Gardasee kommend, sich von der großen Landschaft des Oberengadins zu seinen Bildern inspirieren ließ, in denen er immer aufs neue versucht hat, die Schönheit, das Licht und die Reinheit dieser Landschaft festzuhalten. Seine berühmtesten Werke – »Werden, Sein, Vergehen« genannt – sind im sehenswerten Segantini-Museum zu Sankt Moritz ausgestellt: allegorische Darstellungen vom Leben in den Bergen, für die es Vergleichbares in der Malerei nicht gibt. Im Alter von erst 41 Jahren starb Segantini an einer Blinddarmentzündung auf dem Schafberg, auf den er sich zurückgezogen hatte, um ungestört arbeiten zu können.

Der Schafberg ist der unmittelbare Nachbar von Muottas Muragl, in Fahrtrichtung gleich links vor unserem Standort. Die Hütte, die wir auf ihm sehen können, heißt Chamanna Segantini. Ich erwähne das ausdrücklich, weil ich Sie noch zu einer der schönsten und bequemsten Bergwanderungen einladen möchte, die man im Oberengadin machen kann: Von Muottas Muragl führt ein Weg ohne wesentliche Steigungen – oder ein zweiter, der aber mühsamer ist, über den Schafberg hinweg – am Rande der Waldgrenze nach Süden, immer auf das grandiose Panorama der Bernina

Die Standseilbahn am Muottas Muragl mit 53 % Steigung galt lange Zeit als die steilste Bahn im Alpenraum.

zu. Wenn Sie zwei bis drei Stunden Zeit und einigermaßen feste Schuhe haben, sollten Sie diesen Weg unbedingt gehen! (Wo der Weg endet, an der Alp Languard, können Sie mit einem Sessellift nach Pontresina hinunterschweben.)

Vom Malojapass abwärts

Das Engadin zwischen Malojapass und Vinadi an der österreichischen Grenze ist hundertzehn Kilometer lang; es gliedert sich in ein unteres und ein oberes Engadin. Die »Punta Ota« zwischen Cinuos-chel und Brail ist die historische Grenzlinie zwischen den beiden Teilen des Tales. Nachdem wir von der Höhe der Muottas Muragl einen Einblick in die Landschaft des Oberengadins gewonnen haben, begeben wir uns zum Malojapass, um Orte, Seen, Berge und Täler jetzt aus der Nähe kennen zu lernen.

Das Planta-Haus in Zuoz ist nach einer der ältesten und angesehensten Familien des Engadins benannt.

Der Malojapass (1815 m) ist genau genommen ein halber Pass, denn er hat nur eine Aufstiegsrampe. In steilen Serpentinen windet sich die Straße aus dem Bergell (Val Bregaglia) zur Passhöhe hinauf. Doch auf der Engadiner Seite geht es durchaus nicht ebenso bergab. Das Gefälle des Tales ist so gering, dass es fast unbemerkt bleibt. Besteigen Sie den Felsen gegenüber dem Hotel »Maloja-

Kulm« und genießen Sie den herrlichen Blick in das tief eingeschnittene Bergell mit seinen abweisenden Gipfeln, seinen wilden Zacken und Graten!
Maloja ist ein Passort und zeichnet sich, wie die meisten Orte, die an einem Pass gelegen sind, nicht durch besondere Schönheit aus. Auf dem kleinen Dorffriedhof kann man das Grab des Malers Segantini sehen, der die letzten fünf Jahre vor seinem Tode hier gelebt hat. Doch für die meisten ist Maloja nur als Ausgangsort für vielerlei Unternehmungen – im Sommer wie im Winter – von Interesse. Von hier aus wandert man ins Piz-Lunghin-Gebiet, ins Fornotal und ins Bergell. Hier beginnt vor allem auch die herrliche Wanderung über die »Via Engiadina«, auf der man in sechs, sieben Stunden fast ohne Steigung ins Gebiet oberhalb von Sankt Moritz kommt.
Im Winter aber zieht Maloja noch mehr Menschen an. Hier beginnen nämlich in breiter Front die nahezu endlosen Loipen, die das Oberengadin, seit der Langlauf in Mode kam, zu allem Überfluss auch noch zum weitläufigsten und attraktivsten Langlaufrevier der Alpen gemacht haben. Schließlich ist Maloja der Startplatz für das spektakuläre Ereignis, das sich alljährlich am zweiten Sonntag im März mit steigender Teilnehmerzahl abspielt: der »Engadiner Skimarathon«, anlässlich dessen mittlerweile an die zwölftausend ehrgeizige, mehr oder weniger drahtige und ausdauernde Langläufer in die Loipe gehen. Natürlich kommen nicht alle im 42 Kilometer entfernten Ziel bei Zuoz an. Doch das stolze Gefühl, dabei gewesen zu sein, wiegt offenbar alle Mühsal und allen Verdruss (ausgelöst durch den Massenauftrieb) auf. Geheimtipp: Man kann die großartige Strecke auch im Alleingang genießen!
Zwischen Maloja und Sils erstreckt sich der erste der Oberengadiner Seen, der Silser See. Wer auf seiner Südseite entlang wandert, kommt zur Halbinsel Isola, auf der eine uralte Almsiedlung steht. Diese Hochalpe, auch »Maiensäß« genannt, gehört Bauern aus dem Bergell, die während des Sommers ihr Vieh im dahinter liegenden Val Fedoz weiden lassen. Ein anderes Sommer-Alpdorf kuschelt sich jenseits und oberhalb des Sees in eine idyllische Wiesenmulde: Grevasalvas. Als Schauplatz des internationalen Erfolgsfilmes »Heidi« (nach dem Buch von Johanna Spyri) ist sein Anblick selbst dort bekannt, wo man von den Alpen wenig und vom Engadin gar nichts weiß.
Sils mit seinen beiden Ortsteilen Sils Baselgia (Basilika = Kirche) und Sils Maria (Maiora = Gutshof, Meierei) breitet sich auf der Landbrücke zwischen Silser See und Silvaplaner See aus. Der Doppelort profitiert nicht allein von seiner schönen Lage, sondern auch von seinen sehenswerten Baudenkmälern. Zu ihnen gehören die spätromanische Lorenzkirche in Baselgia, die barocke Kirche von Maria und zahlreiche Wohnhäuser im Engadiner Stil. Das Nietzsche-Haus erinnert daran, dass Friedrich Nietzsche zwischen 1881 und 1888 sieben Sommer in Sils Maria verbrachte und hier seinen »Zarathustra« geschrieben hat. Nietzsche, der schwierige Philosoph, ist auch im Engadin nicht glücklich geworden. Doch in seinen Briefen finden wir zahlreiche Hinweise darauf, dass er dessen Schönheit sehr genau erkannt und zu würdigen gewusst hat. Sein Satz »Das

Wer beim Engadiner Skimarathon die 42 km lange Strecke schafft, hat in jedem Fall einen Sieg errungen, auch wenn er nicht unter den ersten ist: den über sich selbst!

Engadin ist die Heimat aller silbernen Farbtöne in der Natur« hat ihn ungewollt zum viel zitierten Werbetexter der Region gemacht. Sein Lieblingsplatz war die Spitze der Halbinsel Chastè am Silser See, wo ein Zarathustra-Wort in die Felsplatte gemeißelt ist: »Oh Mensch! Gib acht! Was spricht die finstre Mitternacht ... «

Oberhalb von Sils Maria zieht sich das Fextal zu den eisbedeckten Gipfeln der Bernina hinauf, eine der landschaftlichen Kostbarkeiten des Oberengadins. Dank einer engagierten Bürgerinitiative im Ort, die auch von vielen Feriengästen unterstützt worden ist, konnte das Tal vom motorisierten Ausflugsverkehr, von Hochspannungsmasten und anderen technischen Überbauungen freigehalten werden. Den Vorteil davon haben die Natur- und Kunstfreunde, ob sie nun zur romanischen Kapelle in Cresta mit ihren spätgotischen Fresken pilgern oder bis zum eindrucksvollen Talschluss in die Nähe der Gletscher vorstoßen.

Charakteristisch für die Architektur des Engadiner Hauses sind die im Sommer üppig mit Blumen geschmückten Erker.

In Sils begegnen uns zum ersten Mal die typischen Engadiner Häuser, die uns auf der Fahrt mit dem Glacier Express bis über den Albulapass hinaus begleiten werden. In ihrer ernsten Schönheit wirken sie der Gebirgswelt ungemein harmonisch angepasst. Dabei haben ihre Erbauer in erster Linie an die praktischen Erfordernisse gedacht: Starke Mauern, wuchtige Dächer und schießschartenartig verkleinerte Fenster bedeuten Dauerhaftigkeit, Widerstandsfähigkeit, Sicherheit und Wärme. Doch die Details lokkern den strengen Eindruck auf.

Das Engadiner Haus ist berühmt für seine abwechslungsreiche, fantasievolle Fassadengestaltung. Mit Schnitzereien versehene hölzerne Tore, bemalte Erker, schmiedeeiserne Gitter und Beschläge und vor allem die üppige Sgraffito-Dekoration, bei der die dargestellten Motive aus dem feuchten Verputz herausgekratzt sind, bezeugen den hoch entwickelten Kunstsinn und Kunstverstand der Engadiner. Wohnhaus, Scheune und Stall sind unter einem Dach vereint. Das mächtige Portal führt in den großen Vorraum, den Sulèr, in den Sie vielleicht einmal im Vorübergehen einen Blick werfen können, wenn Sie sonst keine Gelegenheit haben, ein solches Haus von innen zu sehen. Apropos: Sehr lohnend ist ein Besuch des Engadiner Museums in Sankt Moritz! In der reichen Samm-

lung alter Volkskunst sind besonders eindrucksvoll die Beispiele von bäuerlichen Küchen und Wohnräumen (stüva) aus verschiedenen Jahrhunderten, die man hier zusammengestellt hat.

Silvaplana heißt der nächste Ort auf unserem Weg talabwärts. Er liegt dort, wo die Straße zum Julierpass das Engadin verlässt, und außerdem zwischen zwei Seen: dem Silvaplaner See und dem Champfèrer See. Hier sieht man deutlich, dass die »Seenplatte« ursprünglich ein einziger See gewesen ist, den der im Lauf von Jahrtausenden von den Bergen angeschwemmte Schutt zerstückelt hat. Die beiden Seen werden nur durch einen schmalen Damm getrennt, über den die Straße von Silvaplana nach Surlej führt. Die stolze »mittelalterliche« Burg am Seeufer, an der wir vorüberkommen, ist leider noch nicht einmal so alt wie dieses Jahrhundert. Ein deutscher General hat sie anno 1908 im neuromanischen Stil – offenbar nach den Träumen seiner Kinderzeit – erbauen lassen.

Surlej ist Talstation der Bergbahn auf den Piz Corvatsch, den Renommierskiberg des Oberengadins. Auf den Firnhängen unterhalb der Bergstation (3300 m) können Unentwegte den Sommer zum Winter machen und auch im Juli über die Pisten rutschen; man nennt das ein Ganzjahresskigebiet. Rund um den Corvatsch breitet sich ein großartiges Wanderrevier aus. Die schönste Tour, wenn es nicht so anstrengend sein soll: Steigen Sie von der Mittelstation Murtèl zur Fuorcla Surlej auf! Das ist ein zahmer Bergsattel mit Hütte, Bergsee und einem umwerfenden Blick auf die zum Greifen nahen Eisriesen der Bernina. Genießen Sie diesen Ausblick in aller Ruhe und steigen Sie dann jenseits des

Die Engadiner Seenplatte wird von eindrucksvollen Dreitausendern »beschützt«. Unterhalb des Piz Lagrev – hier über der Halbinsel Chastè – entspringt der Inn.

Im Dorfkern eines typischen Engadiner Dorfes – hier heißt es Susch.

Sattels ins Rosegtal ab, wo Sie im Hotel Roseggletscher wiederum rasten und notfalls auch einen Pferdewagen nach Pontresina mieten können. Gehzeit je nach Laune zwischen zwei und fünf Stunden.

Zurück zur Seenplatte! Hier ist noch etwas Wassersportliches nachzutragen. Die Seen sind zum Baden (für nicht besonders Abgehärtete) zu kalt, bei Jollenseglern aber sehr beliebt und neuerdings zum Traumrevier für Surfer geworden. Segler und Surfer nutzen nämlich die Beständigkeit des Malojawindes, der an Schönwettertagen ziemlich regelmäßig vom Pass her talwärts weht. Er erhebt sich sanft um die Mittagszeit, erreicht seine größte Stärke zwischen 14 und 16 Uhr und schläft gegen 19 Uhr wieder ein. Auch Segel- und Drachenflieger machen sich seine Stetigkeit zunutze.

Der Abstand zwischen Champfèrer See und Sankt Moritzer See ist der größte innerhalb der Seenplatte – groß genug, dass sich Sankt Moritz-Bad mit seinen Hotels, Appartementblocks, Sportanlagen und sonstigen touristischen Einrichtungen breitmachen konnte. Schön ist es nicht, trotzdem wird es von vielen als Plattform für zahlreiche sportliche Aktivitäten oder auch zur Kur geschätzt.

Sankt Moritz-Bad hat bekanntlich schon als Heilbad Karriere gemacht, als noch kein Mensch an Sommerfrische, geschweige denn an Wintersport dachte. Als man im Jahr 1908 die Fassung der Heilquelle erneuern wollte, stieß man nicht nur auf eine bronzezeitliche Quellfassung (vermutlich 1000 v. Chr.), sondern auch auf Waffen und Geräte, die darauf schließen lassen, dass sich damals schon

Badegäste von auswärts der Heilquelle bedient haben. Die Fundstücke liegen heute, zusammen mit einem Rekonstruktionsmodell, im Engadiner Museum von Sankt Moritz.

Weitere Nachrichten aus dem Heilbad sind erst wieder aus dem 16. Jahrhundert überliefert. Kein Geringerer als der berühmte Naturforscher und Arzt Paracelsus besuchte 1535 Sankt Moritz und äußerte sich überaus lobend: »Ein Sauerbrunnen, den ich über alle stelle, die ich in Europa erfahren habe, ist im Engadin zu St. Moritz. Wer dieses Wasser trinkt, wie es einer Arznei gebührt, der kann von Gesundheit reden.« Die weitere Entwicklung des Heilbades konnte in den folgenden, unruhigen Jahrhunderten natürlich nicht ungestört verlaufen. Doch im 19. Jahrhundert, als die Badekur in der feinen Gesellschaft zur Mode wurde, erreichte auch Sankt Moritz-Bad seinen Höhepunkt. Von 1875 an etwa war es in aller Welt als mondäner Kurort bekannt. Einige Hotelpaläste aus dieser Zeit haben bis in die Gegenwart überlebt.

Der heutige »Steckbrief« von Sankt Moritz-Bad sieht so aus: Höchstgelegenes Heilbad der Schweiz mit den stärksten kohlensäurehaltigen Eisenquellen Europas. Modernes Heilbadzentrum, in dem neben der Mineralquelle, die vor allem als Badewasser genutzt wird, auch das Alpenmoor und das intensive Reizklima dieser Höhenlage therapeutisch eingesetzt werden. In dieser Kombination werden alle Funktionen des menschlichen Organismus stimuliert, insbesondere aber Atmung, Kreislauf und Blutbildung.

St. Moritz-Bad. Am kalten See werden aber meistens Ruderboote und andere Wasserfahrzeuge bevorzugt.

Wir lassen Sankt Moritz-Dorf, in dem wir uns ja bereits umgesehen haben, im wahrsten Sinne des Wortes links liegen und begeben uns am Stazer See, einem letzten kleinen Anhängsel der Seenplatte, vorbei in das zum Berninapass führende Seitental.

Pontresina und die Bernina

Pontresina ist ein Ort mit eigenem, unverwechselbarem Charakter, weder mondän und dominant auf allen Gebieten wie Sankt Moritz, noch dörflich wie Sils oder Celerina. Es ist, wie schon die Silhouette der ansehnlichen Hotels erkennen lässt, ein Kurort in bester schweizerischer Tradition und mit ausgeprägt sportlicher Note. Das ursprüngliche Pontresina, das bereits 1139 genannt wird, ist durch einen großen Brand zerstört worden – mit Ausnahme, glücklicherweise, des außerhalb stehenden Bergkirchleins Santa Maria, das herrliche Wandmalereien aus dem 13. und 15. Jahrhundert birgt, und des fünfeckigen Spaniola-Turmes, der angeblich aus der Sarazenenzeit stammt.
Anders als Sankt Moritz erhebt Pontresina keinen Anspruch darauf, dass es hier nichts gibt, was es nicht gäbe. Seinen Gästen ist vor allem der direkte Zugang zu

Blick ins Bernina-Massiv: links der legendäre Piz Palü, der schon einem Kino-Film seinen Namen gegeben hat; rechts der Piz Bernina (4049 m), der einzige 4000er der Ostalpen.

den Schönheiten der Bergnatur wichtig, in dessen Zentrum es liegt. Das Bergwander- und alpine Hochtourengebiet ringsum ist praktisch unerschöpflich. Wer nicht hoch hinaus will, kann durch die Lärchen- und Arvenwälder des Bernina- und des Rosegtales wandern; in der nächsthöheren Region ist die Alp Languard Ausgangsort für zahlreiche und abwechslungsreiche Höhenwanderungen, auf der einen Seite in Richtung der (uns schon bekannten) Muottas Muragl, auf der anderen Seite in Richtung Berninapass.

Und schließlich die Bernina selbst, von Walter Flaig zum »Festsaal der Alpen« ernannt und für manchen die schönste Gebirgsgruppe im ganzen Alpengebiet. Sie gehört noch zu den Ostalpen, deren höchster Gipfel der Piz Bernina (4049 m) ist. Andere Berühmtheiten sind der Piz Palü (3905 m) und der Piz Roseg (3937 m). Auch die Gletscher der Bernina-Alpen haben Weltruf, insbesondere der Roseggletscher, der am Piz Glüschaint entspringt, und der 7,5 Kilometer lange Morteratschgletscher, dessen Zunge erst auf 2100 Meter Höhe endet, nicht weit entfernt von der Bahnlinie und der Straße zum Berninapass.

Erstaunlicherweise sind die Berge der Bernina erst verhältnismäßig spät »entdeckt« worden. Doch längst lassen Routen wie der Bumiller-Pfeiler am Piz Palü, der unendlich oft fotografierte Biancograt am Piz Bernina oder die Nordostwand des Piz Roseg die Herzen guter Eiskletterer höher schlagen, und manche Spezialführen, von denen nur die Eingeweihten wissen, erst recht. Aber auch auf weniger exponierten Wegen kann man die Herrlichkeit der Bernina kennen lernen. Sechs Unterkunftshütten dienen als Stützpunkte für Gipfelbesteigungen, Gletscherüberschreitungen und Passübergänge, die auch weniger Erfahrene sich zutrauen dürfen – vorausgesetzt, sie werden zuverlässig geführt. Und nach einem guten Bergführer muss man in Pontresina nicht lange suchen: Die Bergsteigerschule am Ort hat den allerbesten Ruf.

Pontresina besitzt eine Bahnstation. Als Reisende mit dem Glacier Express werden Sie sich bestimmt auch für den Bernina-Express interessieren. Also: In Pontresina laufen die beiden Schienenstränge zusammen – der eine kommt von Chur über Samedan, der andere »nur« von Sankt Moritz. Die Bernina-Linie ist die einzige Bahnlinie in der Schweiz, die offen, also ohne Tunnels, über die Alpen nach Süden führt; außerdem ist sie die höchstgelegene Adhäsionsbahn Europas, das heißt, um den 2253 Meter hohen Berninapass zu überwinden, braucht sie keine Zahnräder!

Auch der Bernina-Express könnte Glacier Express heißen. So nahe fährt er am Morteratschgletscher mit seinem fotogenen Spaltengewirr vorbei. Und auf der Südseite öffnen sich prachtvolle Ausblicke auf den breit zu Tale fließenden Palügletscher. Die Bernina-Linie endet nach 61 Kilometern in Tirano im italienischen Valtellino (Veltlin). Viele Tagesausflügler beenden die Fahrt aber schon im schweizerischen Städtchen Poschiavo, essen hier zu Mittag und fahren anschließend dieselbe Strecke zurück, wobei sich auch einmal ganz andere Perspektiven und Eindrücke ergeben.

Sonnenbad an der Bergstation Diavolezza.

Exkurs: Die Bernina-Bahn
Informationen auf einen Blick

Die Bernina-Bahn wurde gebaut, um eine Verbindung zwischen dem Engadin und dem jenseits des Berninapasses gelegenen südlichen Tal, des Puschlav, herzustellen. Zusätzlich sollt damit eine Verbindung mit Italien, dem Veltlin, geschaffen werden.
Baubeginn der Strecke St. Moritz – Tirano: 1910
Länge zwischen St. Moritz und Tirano: 61 Kilometer
Größte Steigung: 7 %
Tunnel oder Galerien: 13
Brücken: 47
Längster Tunnel: 839 Meter
Höchster Punkt: 2253 Meter über dem Meer
Tiefster Punkt: 429 Meter über dem Meer

Wichtige oder interessante Stationen: Pontresina, Morteratsch, Ospizio, Alp Grüm, Poschiavo, Le Prese, Brusio, Tirano.

Gediegen speisen im Bergrestaurant Muottas Muragl.

Essen und Trinken im Oberengadin

Die großen Söhne des Engadins, sagt man, sind nicht Künstler und Gelehrte, sondern Hoteliers und Konditoren. Die Anekdoten des Tales stammen (siehe Johann Badrutt!) denn auch vorzugsweise aus dem Gastgewerbe.

Unter den vielen Engadinern, die in früheren Jahrhunderten zum Auswandern gezwungen waren, haben es die Zuckerbäcker zu besonderem Ansehen gebracht. Um 1750 zum Beispiel stammten in Venedig 38 von 42 Konditoren aus dem Engadin. Doch dann erhob sich Widerstand gegen die allzu erfolgreichen »Fremdarbeiter«, und diese zerstreuten sich über ganz Europa. Viele Cafés in Frankreich und Italien, aber auch in Berlin und Wien waren in Engadiner Besitz. Als einzig greifbares Erinnerungsstück an diese Tradition ist uns die Engadiner Nusstorte geblieben, die allerdings in Frankreich kreiert worden sein soll.

Heute ist das Oberengadin touristisch so erschlossen, dass die internationale Küche weithin dominiert. Darin unterscheidet es sich nicht von anderen Regionen mit einer vergleichbaren Tradition im Fremdenverkehr. Über die großen Hotels und ihre Restaurants braucht man deshalb kaum etwas zu sagen – es ist selbstverständlich, dass Sie hier erstklassig speisen können. Doch zwei Adressen seien genannt, weil sie mehr bieten als »nur« eine hervorragende Küche.

Die Chesa Veglia in Sankt Moritz, ein 1658 erbautes Bauernhaus, genießt dank ihrer originellen Mischung von Snobismus und Gemütlichkeit weltweiten Ruf. Sie bekommen hier eine gebratene Polenta nach Veltliner Rezept ebenso wie die mit Kaviar gefüllte Kartoffel, einst die Leibspeise des Schahs, der in diesem Etablissement Stammgast war.

Im Restaurant der Corriglia-Bergstation auf 2500 Meter Höhe »regiert« nun »Mathis II.«, der sympathische Sohn des unvergessenen Hartly Mathis, der dort oben eine kulinarische Märchenwelt gezaubert hatte, von der die Welt sprach. Nun verlebt er unten in St. Moritz den wohlverdienten Ruhestand und wird eines Tages sicher ebenso in die gastronomische Unsterblichkeit des Engadins eingehen wie der legendäre Johann Badrutt.

Regionale Spezialitäten, wie sie als bäuerliche Alltagsgerichte in Graubünden üblich waren (Näheres darüber auf Seite 53), findet man nur noch in wenigen Oberengadiner Lokalen, etwa in der Chesa Marchetta in Sils, im Hotel Rosatsch und in der Stüvetta des Hotels Misani in Celerina sowie in dem unter Kennern weithin geschätzten Crusch Alva in Zuoz. Doch überall trinkt man noch die Weine aus dem Veltlin, denen die Höhenlage des Engadins spürbar gut bekommt, ob sie nun Grumello, Sassella oder Inferno heißen; nur aus dem Fass sollten sie sein. Weine aus Frankreich oder Deutschland mögen teurer sein – besser sind sie hier oben gewiss nicht!

Bild gegenüberliegende Seite: Café Hanselmann – plüschiger Treff vor allem für ältere Semester, die hier üppige Torten, speziell die berühmte Engadiner Nusstorte, genießen.

HANSELMANN

Vom Inn zum Rhein

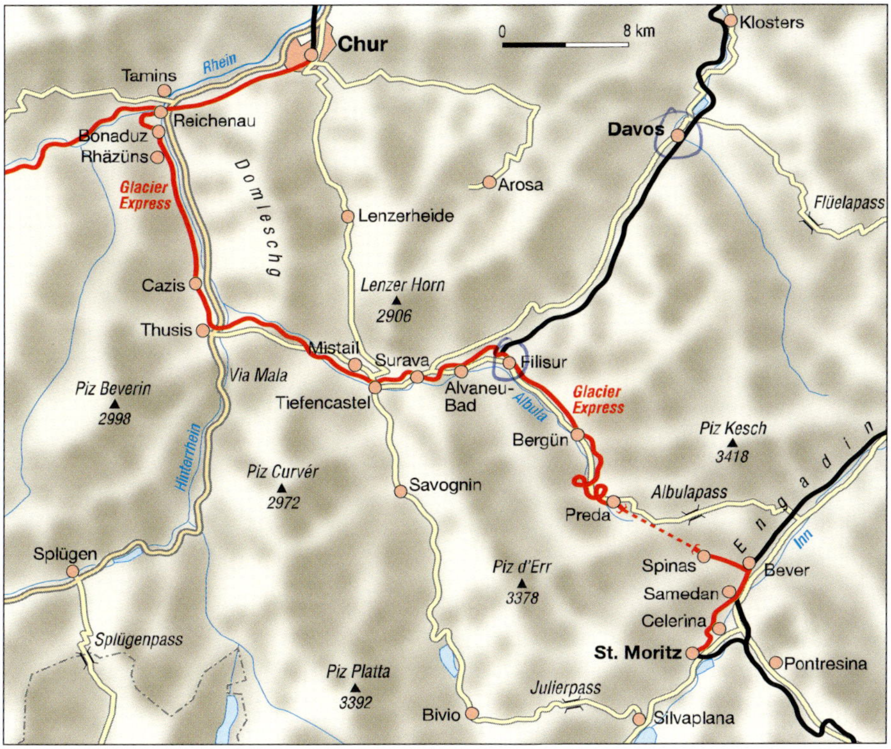

Mit Sgraffiti bemalt – der barocke Glockenturm von Bergün.

Celerina: Ferienort; Kirche San Gian mit spätgotischen Wandmalereien.
Samedan: Hauptort des Oberengadins, Plantahaus.
Bever: echtes Engadiner Dorf, Sgraffitischmuck an vielen Häusern.
Bergün: bezauberndes Bündner Dorf; Gerichtsturm (um 1200 erbaut), mit Fresken verzierte romanische Kirche; berühmte Rodelbahn von Preda nach Bergün.
Filisur: Dorf im Engadiner Stil; Ruine der mittelalterlichen Burg Greifenstein; Landwasserviadukt.
Tiefencastel: Verkehrsknotenpunkt im Albulatal; Barockkirche.
Mistail: karolingisches Kirchlein mit Wandmalereien.
Thusis: Verkehrsknotenpunkt; zwei historische Ruinen: Burg Ehrenfels und Burg Hohenrätien.
Domleschg: breites, fruchtbares Tal; berühmt für seine zahlreichen Burgen.
Rhäzüns: Sankt-Georgs-Kirche (im Jahre 960 erbaut).
Reichenau-Tamins: Zusammenfluss von Vorder- und Hinterrhein.

Bild gegenüberliegende Seite: Kurvenkarussell in der Albulaschlucht.

Bahnhof St. Moritz. Anfang und Ende einer Fahrt mit dem Glacier Express.

Abschied vom Engadin

Bitte stellen Sie sich vor: Der Glacier Express steht – frisch gewaschen und mit blankgeputzten Abteilfenstern – startbereit auf dem Bahnhof von Sankt Moritz. Sie sitzen auf Ihrem Platz, den Sie sich klugerweise reservieren ließen, haben alles um sich versammelt und griffbereit, was Sie während der kommenden siebeneinhalb Stunden zu Ihrem Wohlbefinden brauchen (also hoffentlich auch dieses Buch!). Nun ruft der Schaffner ein letztes Mal »Einsteigen!« oder auch »Istiega!«, und der Express setzt sich in Bewegung, nicht zu schnell, denn er muss ja seinem Ruf gerecht werden, »der langsamste Schnellzug der Welt« zu sein.

Im vorigen Kapitel habe ich versucht, Ihnen die Vorzüge und Schönheiten des Oberengadins näherzubringen. Aber wahrscheinlich ist Ihnen aufgefallen, dass das noch nicht alles gewesen sein kann. Richtig. Den Rest habe ich mir für dieses Kapitel aufgehoben, mit dessen Anfang wir das Engadin verlassen. Da wird es zum Beispiel höchste Zeit, ein paar Worte über den Inn nachzutragen. Schließlich hat er ja dem Engadin seinen Namen gegeben. Auf Rätoromanisch heißt er En – das Engadin ist also das Inntal:

Der Inn entspringt oberhalb des Malojapasses am Piz Lunghin, einem sehr bemerkenswerten Berg. Hier erblicken nämlich, nur wenige hundert Meter voneinander entfernt, Quellwasser das Licht der Bergwelt, die in drei verschiedene Meere fließen: Ein namenloser Bergbach, der sich in der Maira, dem Talfluss des Bergell, verliert, mit ihr durch den Comer See in den Po und mit diesem in die

Adria fließt. Nach Norden wendet sich ein Bächlein, das sich bei Bivio mit der Julia vereint und zusammen mit ihr im Rhein aufgeht, der sich nach langer, wohlbekannter Reise in die Nordsee ergießt.

Der Inn schließlich springt munter ins Oberengadin hinunter, verbindet – zunächst noch unter dem Namen La Sela – die vier Seen der Seenplatte miteinander und gewinnt seine »wahre Identität« erst hinter der Schlucht Charnadüra unterhalb von Sankt Moritz. Nun durchströmt er, an Breite und Tiefe ständig zunehmend, das Engadin, dann Tirol und Bayern, bevor er in die Donau mündet und sich mit ihr dem Schwarzen Meer zuwendet. Im Grunde, so heißt es, sei der Inn bedeutender als die Donau, und von Rechts wegen müsse man ihn den längsten Fluss Europas nennen. Doch wie auch immer: Eine dreifache Wasserscheide wie den Piz Lunghin werden Sie so leicht nicht wieder finden!

Zunächst geht es zügig bergab mit unserem Zug. Die Talstufe zwischen Sankt Moritz und Celerina war den »alten Briten« sehr willkommen gewesen. Sie nutzten das Gefälle für ihre Skeleton- und später die Bobbahn. Der Glacier Express überquert auf einer niedlichen Miniaturbrücke beide Bahnen, die allerdings nur während der Wintermonate zu sehen sind.

Celerina, die erste Station, ist ein beliebter Ferienort, doch schon merkbar dörflicher als Sankt Moritz. Von hier fährt eine Gondelbahn nach Marguns im Corviglia-Gebiet. Das eindrucksvollste Baudenkmal von Celerina ist die Kirche San Gian auf einem Waldhügel außerhalb des Ortes. Unverkennbar das offene Turmdach, sehenswert die reich ornamentierte Decke und die spätgotischen

Die Kirche St. Gian mit dem charakteristischen offenen Turmhelm ist Blickfang auf der Strecke zwischen Celerina und St. Moritz.

Wandmalereien, die Ende des 15. Jahrhunderts entstanden sind. Früher war San Gian eine Taufkirche, heute finden dort beliebte Konzerte statt.
Samedan oder Samaden, die nächste Station, will auf der mittleren Silbe betont werden; darauf legen die Samedaner oder Samadener Wert. Der Hauptort des Oberengadins hat schon in den unruhigen Zeiten vergangener Jahrhunderte eine bedeutende Rolle gespielt. So verwundert es nicht, dass die Planta-Salis, eine der großen Familien Graubündens, hier zuhause sind. Ihr Stammsitz ist das repräsentative Planta-Haus am Plazzet, heute Eigentum der Planta-Stiftung, deren Zweck Pflege und Erhaltung der rätoromanischen Sprache sowie die Betreuung der kostbaren Bibliothek ist. Wer die Ursprache Graubündens, die wiederum in fünf unterschiedliche Dialekte zerfällt, lernen will, kann an den sommerlichen Sprachkursen teilnehmen, die von der Stiftung veranstaltet werden. Rätoromanisch (oder Rumantsch) ist 1938 offiziell zur vierten Nationalsprache der Schweiz erklärt worden und wird noch von etwa 50 000 Menschen im Kanton gesprochen.
Samedan/Samaden ist ein ergiebiger Fundort für Liebhaber der traditionellen Engadiner Bauweise und Wohnkultur. Darüber hinaus hat es beträchtliche Bedeutung als modernes Verkehrszentrum (was die Attraktivität des Ortskerns nicht beeinträchtigt). Am rechten Ufer des Inns hat der zeitweilig stark frequentierte Flugplatz, der höchstgelegene Europas übrigens, Platz gefunden. Und der Bahnhof gilt als Drehscheibe im Schienennetz der Rhätischen Bahn. Hier trennen sich die Züge nach Sankt Moritz und über den Berninapass, die nach Chur (oder Zermatt) und die ins Unterengadin, wo Bad Scuol die Endstation ist. Der 1981 begonnene Neubau des Bahnhofs und dessen technische Ausstattung sind der Stolz der Bahnverwaltung und ihrer Mitarbeiter.

Am besten schmeckt der Käse direkt vom Erzeuger; Wegweiser in Bever.

Bever ist ein echtes Engadiner Dorf, in seinem Kern noch fast unzerstört. Auffallend der schöne Sgraffiti-Schmuck an vielen Häusern. Die »Spezialität« von Bever: Es gilt als der kälteste Ort in der Schweiz! – Hier wendet sich unsere Bahnlinie mit einer engen Kurve nach Westen, ins stille Bevertal hinein. Und schon nähern wir uns einem der Höhepunkte unserer Fahrt: Was Sankt Moritz den Skeleton-Riders, die Aussicht auf Kaviar und Gänseleber den Feinschmeckern und das Matterhorn den Bergsteigern bedeutet, das sind die vor uns liegenden zwanzig Schienenkilometer für die Eisenbahn-Freaks aus aller Welt. Sie sind ihnen eine Reise wert. Warum?

Üppige Alpwiesen bei Preda, ein »gefundenes Fressen« für die einheimischen Kühe.

Die Albula-Linie

Die Albula-Linie ist die steilste Eisenbahnstrecke (ohne Zahnradantrieb) in den Alpen. Da wir jetzt gleich in den Albula-Tunnel einfahren werden, nutze ich die Gelegenheit, das Wichtigste über diese Strecke mitzuteilen, soweit es wahrscheinlich auch einen »Eisenbahnlaien« interessiert.

Als es gegen Ende des 19. Jahrhunderts darum ging, das Engadin endlich auch an das bereits vorhandene Eisenbahnnetz der Rhätischen Bahn anzuschließen, haben die ungewöhnlich großen Höhenunterschiede, die zu überwinden waren, den Ingenieuren heftiges Kopfzerbrechen bereitet. Die Entscheidung fiel für die Albula-Trasse, weil hier nur ein Tunnel von knapp sechs Kilometer Länge durchstochen werden musste; am Julierpass, der ebenfalls zur Debatte stand, wären es zehn Tunnelkilometer gewesen. Andererseits waren extreme Steigungen zu überwinden, bevor man die Scheitelhöhe des Albula-Tunnels (1820 Meter) erreichte: 970 Höhenmeter auf der 45 Kilometer langen Strecke ab Tiefencastel, sogar 416 Höhenmeter auf der nur sechs Kilometer langen Strecke ab Bergün! Das war den Eisenbahnbauern bisher noch nirgendwo abverlangt worden.

Das Ergebnis ist so faszinierend, weil es jedem Kind und jeder Oma ohne weiteres einleuchtet. Eine Eisenbahn kann nun einmal nicht geradeaus den Berg hinauffahren. Also hat man die Strecke durch eine Art Serpentinen auf das Doppelte verlängert, hat, weil da auch noch andere Berge im Weg waren, Tunnels gebohrt und ein paar Serpentinen in die Tunnels verlegt – Kehrtunnels

Exkurs: Drei Highlights an der Albula-Linie

Die steilste Eisenbahnstrecke (ohne Zahnradantrieb): Zwischen Bergün und Preda 416 Meter Höhenunterschied auf 12,5 Kilometer. Das berühmteste Fotomotiv: Der Landwasserviadukt zwischen Filisur und Tiefencastel überquert zwischen zwei Tunnels in hohem Bogen die Landwasserschlucht. Die höchste Brücke: Die 85 Meter hohe, 164 Meter lange Solisbrücke hinter Tiefencastel überquert die enge, schäumende Schynschlucht.

nennt man das. So schlängelt sich unser Schienenweg nun, nachdem er bei Preda den Albula-Tunnel verlassen hat, das Albula-Tal hinunter, fährt über kühne Viadukte mal auf dieser, mal auf jener Talseite, verschwindet in weiteren Tunnels und verlässt diese manchmal in entgegengesetzter Fahrtrichtung wieder.

Und immer wieder sehen wir vor oder hinter, über oder unter uns ein Stück der bewältigten oder noch zu bewältigenden Strecke: Gleise, Viadukte, Tunnelöffnungen – ein verwirrendes Erlebnis, dem man sich einfach staunend hingeben kann, das man sich aber auch mit Hilfe unserer Streckenskizze »aufschließen« kann, um zu begreifen, was da mit uns vor sich geht. Am verwirrendsten stellen sich diese Eindrücke dem Reisenden schließlich oberhalb von Bergün dar.

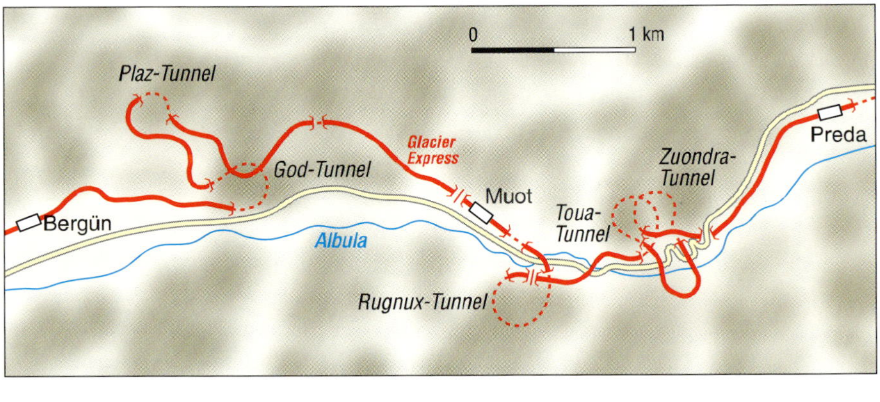

Wie schön kann die Technik sein, wenn sie sich so einfach begreifen lässt wie hier! Doch zur Nachhilfe ein paar Zahlen:
Streckenlänge Bergün – Preda: 12,5 Kilometer
Höhenunterschied: 416 Meter
Stärkste Steigung: 35 ‰ (= 35 m pro km)
Tunnels: 8, darunter 4 Kehrtunnels
Viadukte: 7
Lawinengalerie: 1
Albula-Tunnel: Scheitelhöhe 1820 Meter, Länge 5865 Meter

Bild gegenüberliegende Seite: Mit einer Höhe von rund 90 Metern ist die Solisbrücke der höchste Übergang der Rhätischen Bahn.

Bergün – ein Ort zum Wiederkommen

Bergün (romanisch: Bravuogn; 1400 m, ca. 500 Einwohner) ist ein bezauberndes Bündner Dorf, inmitten schöner Bergwiesen und Wälder gelegen, von einer eindrucksvollen Bergwelt umgeben. In vorgeschichtlicher Zeit war hier ein See, dessen Abschlussriegel der Bergünerstein (Igl Crap) bildete. Im Lauf der Jahrtausende hat sich die Albula eine tiefe Schlucht durch diese gewaltige Felsbarriere gegraben.

In Bergün herrscht schon ein milderes Klima als im weiter oben gelegenen Naz.

Exkurs: Bahnhistorischer Lehrpfad

Der Bahnhistorische Lehrpfad ist gerade auch für bahntechnische Laien sehr lohnend. Entlang der verwirrenden Linienführung der Strecke zwischen Preda und Bergün sind zahlreiche Hinweistafeln angebracht, die über Geschichte, Entstehung, Technik und Betrieb des einzigartigen Streckenabschnitts informieren. Vor allem aber bekommt man auf dem Weg noch mehr von den Geheimnissen und Tricks der Konstrukteure, von der Bahn-Realität mit als durch die Fenster des Zuges.
Ausgangspunkt: Preda, 1790 m;
Ankunft: Bergün, 1370 m
Dauer der Wanderung: ca. 2 Stunden (nicht geeignet für Fahrräder und Kinderwagen.
Im Ortsmuseum Bergün ist eine originalgetreue Nachbildung der Strecke Bergün-Preda im Maßstab 1 : 87 ausgestellt.

Funde aus der Bronzezeit beweisen, dass der Albulapass bereits in der Vorrömerzeit als Alpenübergang benutzt worden ist. Viele Jahrhunderte lang bedeutete der Transitverkehr auf dieser Strecke eine wichtige zusätzliche Einnahmequelle für die Bergüner, wovon heute noch zahlreiche stattliche Häuser Zeugnis ablegen. Um den Handelsverkehr über den Pass zu fördern, wurde im Jahr 1696 der Bergünerstein durchbrochen, wobei erstmals im Straßenbau Schießpulver zur Sprengung verwendet worden ist.

Über sieben Viadukte rollt der Glacier Express zwischen Preda und Bergün.

Am 30. Juni 1903 fuhr die letzte Postkutsche fünfspännig über den Pass. Die Pferde trugen Trauerflor. Am Tag darauf dampfte der erste Zug von Filisur her in das Dorf, von der Bevölkerung in den Dörfern mit Jubel begrüßt. Und nicht viel später kamen auch schon die ersten Sommergäste. Doch glücklicherweise ist Bergün nicht zum Touristenghetto geworden, sondern hat seine Eigenständigkeit zu bewahren gewusst.

Das Wahrzeichen des Ortes ist der trutzige alte Meier- oder Gerichtsturm mit seinen über zwei Meter dicken Mauern. Vermutlich ist er um 1200 erbaut worden und hat später als Zuflucht gedient, worauf ein Hocheingang mit Rundbogen an der Nordseite schließen lässt. Auf dem alten Teil sitzt ein barocker Glockenturm mit Schindelhaube aus dem 17. Jahrhundert. Die Wappen, mit denen der obere Teil geschmückt ist, stammen aus der gleichen Zeit. Später wurde der Turm als Gefängnis benutzt, heute ist in ihm das Gemeindearchiv untergebracht.

Am entgegengesetzten Ende des Dorfes ragt der spitze Turm der romanischen Kirche in die Höhe, die im Chor die Jahreszahl 1188 trägt. Die wertvollen Fresken und die reich verzierte Flachdecke des Innenraumes stammen aus der Zeit um 1500.

Durch eigenwillige Gruppierung der Häuser entlang der Dorfstraße sind kleine Plätze mit eigenen Brunnen entstanden, die Bergün ein typisches Engadiner Gepräge geben. Auch die meisten Häuser lassen die Ausstrahlung von Lebensweise und Architektur des Engadins über die Passhöhe hinweg erkennen. Massive Bauten mit tief liegenden Trichterfenstern, geschnitzte Sulèrtüren, Erker in den Fassaden und reich verziertes Gitterwerk sowie immer wieder fantasievoller Sgraffiti-Schmuck. Wer mit offenen Augen durch das Dorf geht, wird viele interessante Details entdecken, die vom Wohlstand und Schönheitssinn seiner Bewohner zeugen. Es macht Freude zu sehen, wie Traditionsverbundenheit und

Bilder gegenüberliegende Seite: Freskengeschmücktes Haus in Bergün (links oben).

Hauptgasse von Bergün (großes Bild).

Bild oben: Stuls ist der älteste Bahnhof der Rhätischen Bahn. Möge ihm noch ein langes Leben beschieden sein!

Bild unten: Blick in die »Unterwelt«, der den Bahnreisenden nicht vergönnt ist.

guter Geschmack sich bis zum heutigen Tag gegen einen häufig fragwürdigen Fortschrittsgeist durchgesetzt haben.

Herrliche Wanderungen kann man in die Umgebung machen. Die Landschaft ist abwechslungsreich, an Wäldern und Gewässern besteht kein Mangel. Als besondere Schönheit ist der in einem lichten Lärchenhain gelegene Palpuognasee oberhalb von Preda zu nennen, im Volksmund »Himmelsauge« genannt. Reizvolle Passwanderungen führen ins Engadin, nach Davos und nach Savognin. Berg-steiger und Kletterer finden ihre Herausforderungen am Piz Kesch, Tinzenhorn, Piz Uertsch und Piz Ela, alle gestandene Dreitausendergipfel.

Das Neueste aber ist wieder für die Eisenbahn-Fans: ein »Bahnhistorischer Lehrpfad« entlang dem Streckenabschnitt Bergün – Preda. An den markantesten Punkten erläutern Schautafeln Entstehungsgeschichte und technische Finessen des berühmten Schienenweges.

Bergün hat auch eine attraktive Wintersaison. Mit den großen Skizentren Graubündens kann und will es sich natürlich nicht messen. Dafür sind seine Pisten und Preise in jeder Hinsicht familienfreundlich. Das Skigebiet Darlux, von einer Sesselbahn erschlossen, reicht bis auf 2550 Meter Höhe. Und mit den guten Verbindungen der Albula-Bahn ist man schnell in den Skizentren des Oberengadins, von Davos und Lenzerheide.

Einzigartig im ganzen Alpengebiet aber ist die fünf Kilometer lange, abends beleuchtete Rodelbahn von Preda nach Bergün auf der im Winter für den Autoverkehr gesperrten Straße! Aufwärts geht's mit der Rhätischen Bahn, abwärts teils mehr, teils weniger rasant auf dem (im Bahnhof Preda) ausgeliehenen Schlitten. Ein Vergnügen, zu dem die Leute nicht nur aus der Umgebung, sondern sogar aus Zürich, Sankt Gallen und von wer weiß woher in Sonderzügen anreisen. Am Tag darauf zeigen sie sich ihre blauen Flecken so stolz wie alte Krieger ihre Narben. Immerhin 80 000 bis 100 000 Rodler werden pro Winter am Bahnhof Bergün gezählt.

Von Bergün nach Thusis

Weiter geht die Fahrt. Unmittelbar hinter Bergün durchstößt ein Tunnel den einst berüchtigten Bergünerstein. Tief unter uns rauscht und brodelt jetzt die Albula, ein ungebärdiger junger Fluss, dessen Name sich vielleicht vom lateinischen albus (weiß) ableitet. Die weiße Gischt, die wir manchmal vom Zug aus in ihrem engen Felsenbett toben sehen können, lässt die Erklärung einleuchtend erscheinen.

Die romanische Kirche von Bergün.

Filisur taucht vor uns auf, dem wir uns durch einen weiteren Kehrtunnel nähern. Filisur ist das letzte Dorf diesseits des Albulapasses mit Häusern im Engadiner Stil. Wenn Sie, meinem Vorschlag folgend, einmal zu längerem Aufenthalt nach Bergün zurückkehren, sollten Sie unbedingt auch einen Ausflug nach Filisur machen und die schönen Häuser entlang der dörflichen Hauptstraße bewundern, insbesondere das der Zuckerbäckerfamilie Lorenz, nach ländlichen Verhältnissen fast schon ein Palast.

Oberhalb von Filisur ist die Ruine der mittelalterlichen Burg Greifenstein zu sehen; die Mauern des Palas und die Überreste einer Kapelle sind noch zu erkennen.

In Filisur zweigt die Bahnlinie ab, die durch das Landwassertal nach Davos, Klosters und weiterführt. Merken Sie sich für später die folgende Rundfahrt mit der Rhätischen Bahn vor: Chur – Landquart – Davos – Filisur – Thusis – Chur. Einen Teil davon werden Sie ja gleich kennen lernen. Doch auch der andere Halbkreis lohnt das Wieder-

kommen. Natürlich kann man diese Rundfahrt an jedem Ort beginnen und auch im gegenläufigen Sinn machen.
Jetzt aber heißt's aufgepasst! Wenige Minuten nach der Abfahrt in Filisur erreichen wir einen viel gerühmten Höhepunkt und das wahrscheinlich meistfotografierte Motiv des Schienen-

Faszinierend ist der Blick vom nur für Fußgänger erreichbaren Aussichtspunkt oberhalb des Landwasserviadukts.

netzes der Rhätischen Bahn: den Landwasserviadukt. Viel Zeit zum Staunen haben wir allerdings nicht. Unser Zug fährt aus dem 216 Meter langen Tunnel direkt auf den Viadukt hinaus, um gleich darauf wieder im nächsten Tunnel zu verschwinden. Doch jedenfalls können wir die elegante Bogenlinie der Brücke (Radius einhundert Meter) und ihre stolze Höhe über dem Grund der Landwasserschlucht (65 Meter) wahrnehmen.
Über eines muss sich der glückliche Glacier-Express-Reisende freilich im

Klaren sein: Die schönsten Fotos werden nicht aus dem Zug heraus gemacht, sondern von draußen mit Blick auf den Viadukt. Im Übrigen möchte man mindestens für diese paar Augenblicke einmal selbst Zugführer sein. Denn der hat zweifellos den besten Platz im Zug (und wird dafür auch noch bezahlt!).

Nach diesem dramatischen Höhepunkt können wir uns wieder etwas entspannen. Doch zu sehen gibt es immer noch genug. Jenseits des Tales, in dem die Albula nun schon etwas gemäßigter dahinfließt, steigen die Wälder steil an und hinauf. Stolze Dreitausendergipfel krönen die Flanken: Piz Ela, Tinzenhorn und Piz Sogn Mitgel. Bahnhof Alvaneu-Bad: Das Bad war schon im 15. Jahrhundert bekannt, erlebte im 18. Jahrhundert seine Blütezeit und ist nun schon lange nicht mehr in Betrieb. Bahnhof Surava: Das Stationsgebäude weckt wohl in jedem Reisenden den innigen Wunsch, es möge noch lange erhalten bleiben und nicht gegen ein »modernes« ausgetauscht werden. Nun sehen wir vor uns den Talkessel von Tiefencastel.

Harmonisch fügt sich der Landwasserviadukt in die Bündner Berglandschaft ein.

Oberhalb von Tiefencastel zieht der Glacier Express seine Schleife.

Tiefencastel liegt im Schnittpunkt der alten Transitrouten Chur – Julierpass und Thusis – Albulapass. Seinen Namen hat es von einer Burg, die bereits im 10. Jahrhundert genannt wird. Der Ort, der vor hundert Jahren einem Großbrand zum Opfer gefallen war, wird von einer stattlichen Barockkirche (erbaut um 1650) überragt, die beherrschend auf dem Höhenrücken oberhalb des Zusammenflusses von Albula und Julia steht.

Apropos Julierpass: Die Straße führt von Tiefencastel nach Süden über Savognin und Bivio zum 2284 m hohen Julierpass, von dem aus sie sich schnell ins Oberengadin senkt. Zwei Säulenstümpfe am Straßenrand erinnern daran, dass die Passstraße bereits zur Römerzeit benutzt worden ist. Der auch im Winter durchgehend geöffnete Julierpass ist heute die wichtigste Straßenverbindung zwischen dem Oberengadin und der übrigen Schweiz. Der ebenfalls schon uralte Septimerpass zweigte bei Bivio von der Julierstraße ab, was noch im Namen des Ortes zu erkennen ist (Bivio = bivia = Weggabelung).

Er ist schon seit vielen Jahrhunderten verfallen, dient aber noch als beliebter Wanderweg ins Bergell hinüber.

Beim Verlassen der Station Tiefencastel wird links vor uns kurz die Klosterkirche Sankt Peter zu Mistail sichtbar. Dann verschwindet sie schon wieder hinter den Tannenwipfeln, um gleich darauf ebenso kurz auf der rechten Seite aufzutauchen. Die säulenlose Hallenkirche mit den drei Apsiden gilt als das am besten erhaltene Baudenkmal aus karolingischer Zeit in der Schweiz. Sie dürfte in der

zweiten Hälfte des 8. Jahrhunderts entstanden sein. Die Wandmalereien an der mittleren Apsis und der riesige Christophorus an der Nordwand stammen aus der Zeit um 1400.
Die untere Albula auf ihrem Weiterweg in Richtung Thusis durchbricht nun die gewaltige, wilde Schynschlucht; Felswände und Waldflanken steigen beiderseits des Flusses steil empor. Erst 1869 hat man eine schmale Straße in die bis dahin unüberwindliche Felsbarriere schlagen können. Vorher ging der Personen- und Güterverkehr von Chur nach Süden über die Mulde der Lenzerheide. Mehrere aufeinanderfolgende Tunnels können den Blick in die tiefe Schlucht nur vorübergehend versperren. Doch das Gelände, auf dem Bahnlinie und Fahrstraße hier trassiert sind, ist so steil, dass manch einer vielleicht ganz gern auf solche Tiefblicke verzichtet.

Die hochdramatische Via-Mala-Schlucht, die John Knittels Weltbestseller ihren Namen geliehen hat.

Sobald die noch gut erhaltene Burgruine Campi sichtbar wird, ist das »Schlimmste« überstanden. Die Albula wird von der Schynschlucht in die weite Ebene von Thusis entlassen, was unsere treue Begleiterin zwar nicht die ganze Existenz, doch ihren Namen und ihre Selbstständigkeit kosten wird. Von jetzt an hat der Rhein das Sagen.

Am Hinterrhein

Thusis ist ein Ort, den jedermann nur vom Durchfahren kennt – das Schicksal so genannter Verkehrsknotenpunkte. Als Warenumschlagplatz am Fuß von zwei, nach der Erschließung der Schynschlucht von vier Pässen hat er zwar Bedeutung, aber keinen Schönheitspreis erlangt, zumal mehrere Großbrände seine historische Substanz fast ganz zerstört haben. Wenigstens die historischen Ruinen sind eindrucksvoll erhalten geblieben: Burg Ehrenfels und, 250 Meter über der Talsohle, die weithin sichtbare Burg Hochrätien. Die Legende berichtet, dass die Burg im Jahr 587 vor Christus von dem Etruskerfürsten Rätus gegründet sein soll. Doch das ist wirklich nur eine Legende ...
Durch die Via Mala und weiter: Wenigstens im Geiste wollen wir diesen Abstecher machen, der in früheren Jahrhunderten zu einer Vorstellung des Schreckens geworden ist (via mala = schlim-

Bild oben: Die Burg Ortenstein liegt zwischen den Dörfern Rothenbrunnen und Rodels-Realta.

Bild unten: Die Kirche von Rothenbrunnen.

mer Weg). Die schaurig-schöne Schlucht, den meisten nur als Titel des Romans von John Knittel bekannt, wird von der modernen Schnellstraße praktisch ignoriert. Wer dagegen auf der alten Landstraße über die beiden, 1738 erbauten Brücken fährt, bekommt noch einen leichten Nachgeschmack von der Angst, mit der die Reisenden früherer Jahrhunderte sie durchschritten haben müssen.

Jenseits der Schlucht folgt die Straße weiterhin dem Hinterrhein; urige alte Walserdörfer grüßen von den Höhen beiderseits des Tales, bis man hinter der Rofflaschlucht das Rheinwaldgebiet und schließlich Splügen erreicht. Hier zweigt die Splügenpassstraße ab, über die man zum Comer See gelangt. Geradeaus geht's weiter zum Kleinen Sankt Bernhard (San Bernardino), der neuerdings auf einer Länge von 6,5 Kilometern untertunnelt ist – Bellinzona und die Tessiner Seen sind nun nicht mehr weit.

Domleschg heißt das breite, fruchtbare und – vor allem im Kontrast zur Via Mala – friedlich-freundlich wirkende Tal, das sich von Thusis etwa zwanzig Kilometer nach Norden zieht und durch seinen Reichtum an Burgen berühmt geworden ist. An die zwanzig Burgen, Ansitze und Ruinen sind vorwiegend rechts der Bahnlinie zu sehen, mehr als irgendwo sonst auf so engem Raum in der Schweiz. Bewohnt sind nur wenige, Besichtigungen sind in der Regel nicht möglich. Das zu wissen ist tröstlich, wo wir doch mit dem Zug vorbeifahren müssen. Die markantesten und besterhaltenen Burgen sind der Palas von Schloss Riedberg, Schloss Ortenstein auf seinem hohen Felsen und Schloss Rhäzüns (alle auf der rechten Seite), das genau genommen schon wieder außerhalb des Domleschg steht. Zu Rhäzüns gehört auch die kleine Sankt-Georgs-Kirche im

Hintergrund. Das Kirchlein geht auf einen Bau aus dem Jahr 960 zurück. Nach der Legende ist der Heilige Georg, von Räubern bedroht, mit seinem Pferd in einem gewaltigen Satz über den Hinterrhein gesprungen. Wo das Pferd sicher aufsetzte, baute man die Kirche, deren Schiff und Chor mit herrlichen Fresken aus dem 14. Jahrhundert geschmückt sind, darunter die beliebten Motive des Kampfes mit dem Drachen und seines Pferdesprungs.

Bei Rhäzüns weitet sich das Tal, auf dessen jenseitigen Höhen jetzt die Bauten und Liftmasten des Skigebietes Laax-Flims zu sehen sind. Die Bahn fährt in einem Bogen um Bonaduz und erreicht dann den Vorderrhein, dem sie flussabwärts folgt. Unter uns verläuft, fast parallel, jetzt ein anderes Bahngleis; bald werden wir auf ihm weiterfahren. Auf der linken Seite in Fahrtrichtung können wir, während wir über die Brücke rattern, die Vereinigung von Vorder- und Hinterrhein bewundern. Und schon hält der Zug in der unscheinbaren Station Reichenau-Tamins, die man indessen nicht unterschätzen sollte; denn sie ist Schauplatz einer entscheidenden Wende:

Von Reichenau-Tamins aus fährt der Glacier Express in entgegengesetzter Richtung weiter. Natürlich nicht dorthin zurück, woher er gekommen ist, sondern – nach entsprechender Weichenstellung – nach Westen, das Vorderrheintal hinauf.

Und Chur? Die Hauptstadt des Kantons Graubünden ist zwar nahe, liegt aber nicht an der Route des Glacier Express. Eine Besichtigung des Bahnhofs Chur vom Zug aus würde sich auch nicht lohnen – ein Besuch der Stadt umso mehr. Deshalb mein Vorschlag an alle, die genügend Zeit haben: Machen Sie einen Abstecher nach Chur und übernachten Sie dort! Sie werden eine bemerkenswerte Stadt kennen lernen ...

Exkurs: Das Domleschg

Wegen seiner ungewöhnlich vielen Burgen und Schlösser wird das Domleschg auch »Burgenland« genannt. Es galt seit jeher als ein Sonnengarten Graubündens. In dem durch die Bergketten zu beiden Seiten gut geschützten Tal erlaubt ein mildes Klima den Anbau von Kulturpflanzen, die man in den nördlichen Alpen sonst nicht findet. Vor allem aber zogen sich durch das Domleschg die wichtigen Handelsstraßen, durch die Mitteleuropa via Chur mit den Ländern südlich der Alpen verbunden war, sei es über die Via Mala, sei es über Tiefencastel und den Julier- beziehungsweise Septimerpass. Die Familien, welche diesen Handel betrieben und kontrollierten, wurden wohlhabend, einflussreich, mächtig und konnten sich den Bau von Burgen und Schlössern leisten, mit denen sie ihre Bedeutung demonstrieren wollten.

Sgraffiti, die den Heimatstolz der Bündener illustrieren, findet man hier und dort im Domleschg.

Chur

Sonderanfertigung – damit im Zug kein kostbarer Tropfen verloren geht.

Stadt Chur: Hauptstadt des Kantons Graubünden; historisch bedeutendes Siedlungsgebiet mit wichtigen alten Handelsverbindungen; heute Handels- und Fremdenverkehrszentrum; ältester Bischofssitz der Schweiz; sehenswerte Altstadt.
Sehenswürdigkeiten: Kathedrale mit einem spätgotischen Schnitzaltar; Bischofspalais; Martinskirche; Klosterkirche Sankt Luzius; spätgotische Kirche Sankt Regula; »Altes Gebäu« (Gerichtsgebäude); »Neues Gebäu«; der »Obere Spaniöl« (freistehender Bürgersitz).
Museen: Dommuseum mit dem Kirchenschatz; Rhätisches Museum; Kunsthaus (u.a. Kaufmann, Segantini, Giacometti, Kirchner).
Lokale: Weinstube der Bischöflichen Hofkellerei im Torturm; Zunfthaus zur Rebleuten am Pfisterplatz; Bündner Stube im Hotel Stern, Reichsgasse 11.
Alle Informationen: Chur Tourismus, Grabenstr. 5; Tel. 0041-81-252 1818. Internet: www.churtourismus.ch

Bild gegenüberliegende Seite: Die Reben aus der Umgebung liefern einen delikaten Wein, den sich die Bischöfe von Chur schon vor Jahrhunderten schmecken ließen.

Blick auf die Altstadt von Chur aus der Höhe der Bischöflichen Residenz.

Vergangenheit und Gegenwart

Lassen Sie sich nicht von den hässlichen Hochhäusern in den Außenbezirken irritieren! In den Jahren bedenkenloser »Fortschrittlichkeit« hat man in Chur die gleichen Fehler gemacht wie anderswo auch. Die innere Stadt ist von ihnen ziemlich unberührt geblieben. Außerdem hat man dazugelernt. Mittlerweile gilt es ja wieder als fortschrittlich, das gute Alte zu bewahren und, wenn möglich, zu neuem Leben zu erwecken; davon gibt es hier noch eine ganze Menge.

Alles, was als sehenswürdig genannt wird, ist in Chur auf engem Raum zusammen. Das macht die Stadt für Besucher, die nur wenig Zeit haben, so sympathisch. Mit ein paar Schritten ist man vom Bahnhof in der Altstadt, nach ein paar Minuten – allerdings zügig bergauf – in der Bischofsstadt. Damit haben wir schon die beiden Pole genannt, um die sich die geschichtliche Vergangenheit konzentriert.

Der Platz von Chur ist uraltes Siedlungsgebiet. Von hier sind die wichtigsten Handelswege, die über diesen Teil der Alpen führten, ausgegangen. Erst kamen die Kelten, dann die Römer, anfangs als Soldaten, später auch als Zivilisten. Curia Raetorum wurde Hauptstadt der römischen Provinz Raetia Prima und gegen Ende des Römerreiches erster Sitz eines christlichen Bischofs nördlich der Alpen (anno 451).

So entstand auf dem Felsen die bischöfliche Residenz. Ihr geistliches Zentrum ist die Kathedrale, die in ihrer heutigen Gestalt aus dem 12. und 13. Jahrhundert stammt. Von einer Vorgängerin aus dem 8. Jahrhundert sind nur einige schöne Marmorfragmente mit Flechtwerk erhalten geblieben, die man in verschiedene Altäre eingefügt hat. Auffallend ist die gleich zweimal »gebrochene« Chorachse: Die Baumeister hatten allem Anschein nach Probleme mit dem engen Bauplatz. Die Kathedrale besitzt einen spätgotischen Schnitzaltar, der gern als »der schönste in der Schweiz« bezeichnet wird. Im nördlichen Seitenschiff erinnert eine schlichte Grabplatte an den im Jahr 1639 ermordeten und hier beigesetzten Jürg Jenatsch. In dem umstrittenen »Nationalhelden« Graubündens sehen die einen ihren Freiheitskämpfer à la Wilhelm Tell, die anderen einen machthungrigen Kriegsherren à la Wallenstein. – Im Dommuseum kann der kostbare Kirchenschatz besichtigt werden.

Der »Hof«, der das Vorfeld für die Kathedrale und das im 18. Jahrhundert barock umgestaltete Bischofspalais bildet, ist ein stiller, sehr katholisch wirkender Platz mit stimmungsvoll plätscherndem Brunnen. Von der bürgerlichen Altstadt grenzt er sich durch seine erhöhte Lage, Treppen und Mauern sowie durch einen vorgelagerten Gebäudetrakt ab, der vom Torturm überragt wird. In diesem ist unter anderem die »Bischöfliche Hofkellerei« untergebracht, eine hin-

Die Altstadt von Chur.

reißend schöne, spätgotische Weinstube, deren Besuch ich wärmstens empfehlen möchte. Die hier ausgeschenkten Weine sind selbstverständlich auch aus bischöflichem Besitz. Der Blick aus den kleinen Fenstern auf die Martinskirche mit Uhr, Türmerstube und der – vielleicht im Licht der untergehenden Sonne glänzenden – Dachfahne auf die Stadt und Berge dahinter ist etwas ganz Besonderes.

Kirche St. Martin in Chur.

Zuvor sollten Sie sich aber noch die Mühe machen, zur einstigen Klosterkirche Sankt Luzius – »Sankt Luzi« sagen die Churer – hinaufzusteigen, die ihren Platz ein Stück oberhalb der Kathedrale hat. Sie ist dem einzigen bekannten Glaubensboten Rätiens geweiht, der ein König aus Britannien gewesen sein soll. Die verzwickten archäologischen Probleme der vermutlich karolingischen Krypta wollen wir hier nicht erörtern. Jedenfalls bewahrt die Kirche einen Sarkophag mit den Gebeinen des Heiligen und vielleicht auch seiner Schwester, der ebenfalls heiligen Emerita, die beide um das Jahr 200 in Rätien gewirkt haben sollen. In der Kirche selbst, die zu einer späteren Prämonstratenserabtei gehörte, durchdringen sich romanische und gotische Stilelemente.

Die Bischöfe von Chur waren, wie die meisten ihrer Amtsbrüder im Mittelalter, machtbewusste Herren. Über Jahrhunderte hinweg trugen sie den Titel eines Reichsfürsten und herrschten souverän über »Churrätien«. Doch auch die Bewohner der Siedlung, die unterhalb und im Schutze der Bischofsburg heranwuchs, die »Bürger« also, wurden immer selbstbewusster in dem Maße, in dem Handel und Wandel über die Alpenpassstraßen zunahmen, denen sie ihren wach-

Cafés im autofreien Bezirk der Altstadt laden zum Verweilen ein.

senden Wohlstand verdankten. Denn einen besseren Warenumschlagplatz gab es weit und breit nicht. Und wenn sie sich gegen die bischöfliche Bevormundung auflehnten, schreckten weder sie noch die Geistlichkeit vor blutigen Auseinandersetzungen zurück.

Das 15. Jahrhundert sah die Bürger von Chur auf der Höhe ihres Selbstbewusstseins. Ein endgültiger Erfolg schien nahe. Allerdings bleibt unklar, ob Chur im Jahr 1498 wirklich als »Freie Reichsstadt« vom Kaiser anerkannt worden ist – und es ist auch nicht mehr wichtig. Es kam die Reformation, und mit ihr verloren die Bischöfe von Chur ihre Macht, das Reich aber die Souveränität über seine Territorien in der Schweiz. Fortan gab es nur noch Parteienkämpfe zwischen »Habsburgern« oder gar »Spaniern« und den verschiedenen Bünden. Aus ihnen ist schließlich Graubünden zusammengewachsen, das sich 1803 als schlichter Kanton der Eidgenossenschaft angliederte.

Die Altstadt, wie wir sie heute erleben, ist im Wesentlichen nach dem großen Brand von 1464 entstanden. Wer es eilig hat, kann sie in zehn Minuten durchschreiten oder in einer knappen halben Stunde umrunden. Alles ist überschaubar und bleibt in »menschlich-maßvollen« Dimensionen. Als Ausgangspunkt für Rundgänge bietet sich das Rathaus im Herzen der Altstadt an. (So ist es auch vom Verkehrsamt vorgesehen, das mit rot und grün aufgemalten Fußspuren zwei

Besichtigungswege markiert hat.) Mit seiner offenen, gewölbten Markthalle im Erdgeschoss und schönen Repräsentationsräumen demonstriert es Wohlstand und Bürgerstolz.
Weitere Bauwerke von kunsthistorischer Bedeutung: die Martinskirche, 1464 – 1491 im spätgotischen Stil erbaut, mit farbigen Glasfenstern von A. Giacometti (1917). Der hochaufragende, spitze Kirchturm wirkt wie eine auf die Bischöfe gezielte Provokation; das barocke »Alte Gebäu« (1727 – 1730) in der Poststraße 14, Gerichtsgebäude und eines der bedeutendsten Herrschaftshäuser Graubündens; das »Neue Gebäu« (um 1750) in der Reichsgasse 35, heute Regierungsgebäude; der »Obere Spaniöl« (1635 – 1640) neben der Treppe zum »Hof«, der erste freistehende Bürgersitz in der Stadt; die spätgotische Kirche Sankt Regula, Ende des 15. Jahrhunderts errichtet, mit schönem Netzgewölbe und polygonalem Chor ausgestattet.
Und natürlich die Museen: das bereits erwähnte Dommuseum mit dem Kirchenschatz; das Rätische Museum mit einer reichen Sammlung von prähistorischen, römischen und frühmittelalterlichen Ausgrabungsfunden; das Kunsthaus schließlich, das Werke von Graubündener Künstlern zeigt, angefangen bei der in Chur geborenen Angelika Kaufmann bis zu Giovanni Segantini, Augusto Giacometti und dem deutschen Expressionisten Ernst Ludwig Kirchner, der 1917 nach Davos übergesiedelt war.

Besonderer Service im Glacier Express: Im Speisewagen werden nur frisch zubereitete Menüs serviert!

Doch selbst den, der von kunsthistorischen Details nichts wissen will, wird ein gemächlicher Bummel durch die Altstadt gewiss begeistern. Auf den kleinen Plätzen, in den winkeligen Gassen gibt es so viel zu sehen, dass es nicht leicht ist, ein Ende zu finden: Stadtpaläste, Bürgerhäuser, Arkadenhöfe, Erker und Giebel, Treppen und Brunnen ... Manches Bauwerk bedürfte dringend der Erneuerung. Doch dann stößt man wieder auf großzügig sanierte Häuser und kann hoffen, dass auch andere noch einen Liebhaber finden – oder einen Geschäftsmann, der das alte Ambiente kaufmännisch zu aktivieren versteht. Auch in Chur umgeben sich schicke Geschäfte gern und erfolgreich mit einem stilvollen historischen Rahmen.

Essen, Trinken und Schlafen in Chur

Capuns – deftige Köstlichkeit für einen kräftigen Magen.

Einige Stadtpaläste haben wunderschöne Innenausstattungen. Doch nur die Räume des Rathauses – die Ratsstube von 1494 und die Täfernstube von 1583 – können besichtigt werden. Dabei gibt es einen ganz einfachen Weg, noch einige andere Innenräume, die es kennen zu lernen lohnt: die Einkehr zu Speis und Trank. Die folgenden Lokale sind auch deshalb besonders empfehlenswert, weil sie die regionale Bündner Küche pflegen: Die bereits erwähnte Weinstube der Bischöflichen Hofkellerei im Torturm, ein spätgotischer Innenraum aus dem Jahr 1522; das Zunfthaus zur Rebleuten am Pfisterplatz, erbaut anno 1483; die nicht so alte Bündner Stube im Hotel Stern, Reichsgasse 11.
Graubünden ist ein Bauernland. Und die Bündner Küche bietet eine bäuerliche, also deftige und belastende Kost. Wer sie nicht gewöhnt ist, tut gut daran, um eine halbe Portion zu bitten. Auch ist die Bündner Küche in der Zubereitung vergleichsweise arbeitsintensiv; weshalb man heute in den meisten Lokalen leichter ein Steak als ein Bauerngericht bekommt.
Ein paar der bekanntesten Gerichte, die Sie probieren sollten:
Bündner Fleisch (oder Bindenfleisch): gepökeltes und luftgetrocknetes Rindfleisch. Wird als Vor- oder Zwischengericht in hauchdünnen Scheiben serviert; dazu gibt es Schwarzbrot, Butter (entbehrlich) und einen trockenen Weißwein.
Bündner Gerstensuppe: Gersten oder Graupen werden im Sud eines Rohschinkens mit Knochen gekocht; dazu kommt noch Gemüse.
Gnocs: Knödel aus Spätzliteig in vielerlei Zubereitungsarten.
Maluns: Kartoffelbrocken, mit Weizenmehl vermengt.
Capuns (oder Chapuns): In Mangoldblätter eingewickelte Knödel aus Spätzliteig, denen Schinken oder Salsizwurst fein gehackt beigegeben worden sind; gibt es in zahllosen Varianten!
Bizochels (oder Pizzochels): Eine Spätzliart aus Buchweizenmehl, mit heißer Butter und Käse überbrannt, dazu Zwetschgenkompott.

In ganz Graubünden, nicht nur im Engadin, dominieren die Veltliner Weine. Doch in Chur sollten Sie »Herrschäftler« Weine probieren. Sie kommen aus den kleinen Anbaugebieten des Rheintales nördlich von Chur, aus Fläsch und Maienfeld, Jenins und Malans, Zizers und Trimmis. Unter den Rotweinen sollten Sie sich merken: den »Beerliwein«, den »Süßdruck« und den »Schiller«. Wenn es aber ein Weißwein sein soll, dann fragen Sie einfach nach einem »Riesling x Sylvaner«. Das ist hier im Gebiet die am meisten verbreitete Rebe.

Hotels
Der Stern und der Duc de Rohan sind angenehme Drei-Sterne-Hotels, in denen man komfortabel untergebracht ist.

Die Hauptstadt des Kantons Graubünden

Chur, dies zum Abschluss, liegt auf 595 m Meereshöhe an der Plessur, die dicht bei der Stadt in den Rhein mündet. Die Stadt hat 34 000 Einwohner und ist die Hauptstadt des Kantons Graubünden.

Die Landschaft Graubünden ist im 14. und 15. Jahrhundert aus den Territorien verschiedener kleiner, weltlicher und geistlicher Herrschaften zusammengewachsen, die gezwungen waren, sich gegen die sehr viel größeren Mächte ringsum zu behaupten. Die drei Bünde – Gotteshausbund, Oberer oder Grauer Bund und Zehngerichtebund – schlossen sich 1524 staatsrechtlich zur Herrschaft Graubünden zusammen, ehe diese sich im Jahr 1803 als 15. Kanton der Eidgenossenschaft anschloss.

Graubünden ist mit 7109 Quadratkilometern der größte Kanton der Schweiz, hat aber nur ungefähr 150 000 Einwohner und ist mit 19 Einwohnern je Quadratkilometer auch der am dünnsten besiedelte Kanton. Ihrer Muttersprache nach sind zirka 56 Prozent Deutsche, die ihre Herkunft vorwiegend auf die im Mittelalter eingewanderten Walser (Walliser) zurückführen, 26 Prozent Rätoromanen, die sich als die Urbevölkerung Graubündens betrachten, und 16 Prozent Italiener in den südlichen Tälern. Erst 1938 ist die rätoromanische Sprache als vierte schweizerische Nationalsprache anerkannt worden.

Ein wesentlicher Teil der (bescheidenen) Bündner Industrie konzentriert sich in und um Chur. Die Kantonshauptstadt ist auch ein wichtiger Bahnknotenpunkt: Endstation der Linien der Schweizerischen Bundesbahnen. Wer weiter will, muss in Chur in die Züge der Rhätischen Bahn mit der kleineren Spurweite umsteigen.

Auch wir fahren wieder weiter mit dem Glacier Express ...

Der Glacier Express zieht an vielen Alphütten vorbei – zu schnell, wie romantisch gestimmte Fahrgäste meinen.

Bild gegenüberliegende Seite: Altstadtgasse von Chur.

HOTEL
SAFARI

Vom Rhein zur Rhone

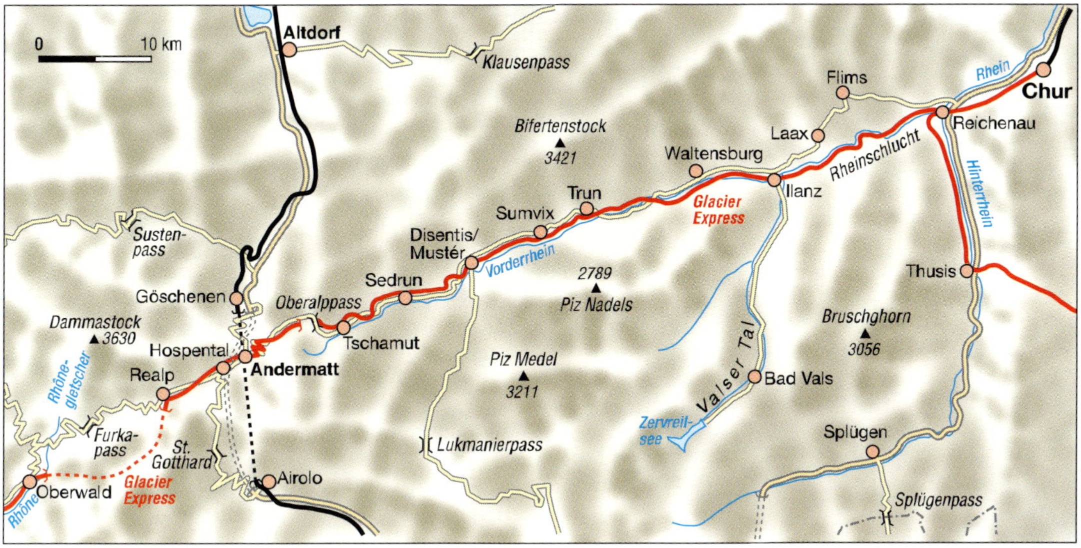

Rheinschlucht: Bizarre Gesteinsformen.
Ilanz: kleiner Marktort; Reste einer Befestigungsmauer und zwei Stadttore sind erhalten; Patrizierhäuser.
Valsertal: Vom Valserrhein durchflossen; Bad Vals: Kurort; Zevreila-Stausee.
Trun: Gründungsort des Grauen Bundes; Disentiser Hof (Heimatmuseum).
Somvix: barocke Johanneskirche; Kapelle Sogn Benedetg.
Disentis: Kur- und Wintersportort; barocke Benediktinerabtei: Pfarrkirche mit spätgotischem Strigelaltar; Kapellen St. Agatha und Acletta mit Wandmalereien; Klostermuseum.
Sedrun: Wintersportort; Burgruine Pontaningen.
Tschamut: letztes Dorf vor dem Oberalppass.
Oberalppass: 2033 m; Grenze zwischen den Kantonen Graubünden und Uri.
Andermatt: an der Gotthardstraße gelegen; Verkehrsknotenpunkt; Wintersport- und Bergsteigerzentrum; Rathaus aus dem Jahr 1583; Barockkirche St. Peter und Paul, Schöllenenschlucht.
Hospental: Burgruine aus der Zeit um 1200.
Realp: Furka-Basistunnel.

Einige Bahnhofsgebäude an der Strecke sind noch aus Holz.

Bild gegenüberliegende Seite: Die Rheinschlucht unterhalb von Flims, in der nur für die Rhätische Bahn und Fußgänger Platz ist.

Bizarre Felsformationen lassen sich in der Rheinschlucht bestaunen.

Durch das Vorderrheintal

In Reichenau-Tamins fädelt der Glacier Express sich jetzt in den unteren Schienenstrang ein, den wir bei der Ankunft bereits von oben gesehen haben. Ganz dicht fahren wir am Flusslauf des Vorderrheins entlang, denn das Tal wird eng und immer enger; da gibt es keinen Platz für Extratouren. An einer Felswand sehen wir eine Wasserstandsmarkierung, datiert vom 25.9.1927 – unvorstellbar, wie der Rhein als reißender Strom damals hier durchgebrochen sein muss!
Das Tal verengt sich weiter, zur Schlucht, zum Canyon, möchte man sagen. Denn der Eindruck ist fast exotisch. Die Rheinschlucht – Ruinaulta auf Rätoromanisch – ist einzigartig auf ihre Weise. Es gibt nichts Vergleichbares in Graubünden, ja in der gesamten Schweiz! Diese Schlucht ist das Ergebnis des größten Bergsturzes, den die Alpen wahrscheinlich jemals erlebt haben: Während der Endphase der letzten Eiszeit sind hier Gesteinsmassen von gewaltigen Ausmaßen aus dem Gebiet zwischen Flimserstein und Piz Grisch abgerutscht, der »Flimser Bergrutsch«. Man schätzt die Ablagerung der Kalk- und Kreidegesteine auf zehn bis fünfzehn Kubikkilometer. Der Rhein staute sich, bildete einen riesigen See und konnte sich erst im Laufe von ungezählten Jahrtausenden einen neuen Weg durch diese Barriere erkämpfen.
Bizarre Gesteinsformen sind zu sehen: Pyramiden, Zacken und Türme, Höhlen, Spalten und Tore, und alles in eigenartig verwaschenen Kalkfarben. Große Flächen der Bergsturzlandschaft werden auch von prächtigen Wäldern bedeckt,

Bild gegenüberliegende Seite: Das Hotel Waldhaus in Flims entstand vor etwa 100 Jahren, als das Reisen nur einer kleinen Schicht von vermögenden Leuten vorbehalten war. Billiges Quartier findet man hier allerdings auch heute nicht.

die vorwiegend aus Weißtannen, Föhren, Fichten und Bergbuchen bestehen. Die übrige Welt bleibt für unsere Augen unsichtbar. Nur winzige Bahnstationen, an denen unser Express ohne Halt vorüberfährt, erinnern daran, dass da noch Leben sein muss jenseits der Tannenspitzen, die sich an den Rändern der Schlucht hoch über uns in den Himmel bohren.

Und ob da Leben ist! Auf den fruchtbaren Mittelgebirgsterrassen beiderseits der Schlucht, die den Übergang zu den Gebirgsketten im Süden und Norden bilden, haben sich freundliche Dörfer angesiedelt. Zwei unter ihnen sind längst mehr als das: Flims und Laax haben sich als Sommerkurorte, vor allem aber als Skigebiet unter dem Namen »Weiße Arena« einen berühmten Namen gemacht. Bis auf dreitausend Meter Höhe surren die Lifte am Piz Vorab, dessen sanfte Gletscherhänge auch als Sommerskigebiet dienen müssen. Wenn unser Zug die Rheinschlucht verlässt, können wir rechts oben noch die klotzige Bergstation Crap Sogn Gion erkennen.

Über Flims und Laax führt auch die Autostraße, für die in der Schlucht kein Platz mehr war, ins Oberland. Als man in Graubünden anfing, Auto zu fahren, hatte die Rhätische Bahn schon längst die einzig mögliche Trasse besetzt. Nutznießer dieser Reihenfolge sind unter anderem die Bienen (und ihre Imker), deren Körbe wir dicht neben der Bahnlinie stehen sehen. Der Waldhonig des Bündner Oberlandes wird mit Recht hoch geschätzt. Stünden die Bienenkörbe ebenso nahe an einer viel befahrenen Autostraße, wäre der Honig sicher weniger beliebt ...

Unterdessen hat die Rheinschlucht den Zug und uns aus ihrer Umklammerung entlassen. Ein weiter Wiesengrund öffnet sich; der Glacier Express fährt in den

Exkurs: Zu Fuß durch die wilde Rheinschlucht
Schluchtwanderer verlassen an der winzigen Bahnstation Valendas-Sagogn den Zug. (Umsteigen in Reichenau oder Ilanz, der Glacier Express hält hier nicht!) Zwischen Rhein und Bahnlinie zieht sich der Weg flussabwärts. Viel Platz ist nicht für die drei in der Schlucht, manchmal müssen sie eng zusammenrücken. Umso aufregender ist das Panorama, das vom fahrenden Zug aus viel zu schnell vorüberhuscht. Bizarre Gesteinsformen, Pyramiden, Zacken und Türme, Höhlen, Spalten und Tore. Die übrige Welt bleibt unsichtbar. Kaum zu glauben, dass es da oben »ganz normal« weitergeht. Zur Zeit der Schneeschmelze bleiben Teile des Weges unpassierbar, da kann es hier unten schon so schön blühen, wie es will. Manchmal kommen Schlauchbootfahrer oder – neudeutsch – Riverrafter den Rhein hinabgeschossen. Und schreien laut, um das Schluchtecho zu erproben.

Bahnhof Ilanz ein. Wir sind nun schon mitten im Bündner Oberland, rätoromanisch Surselva – das Tal jenseits des (Flimser) Waldes.
Vom Zugfenster aus gesehen macht Ilanz – »die erste Stadt am Rhein« – nicht viel von sich her. Der kleine Marktort hat eine ansehnliche Vergangenheit, von der noch Teile einer Befestigungsmauer sowie zwei Stadttore künden. Im Ortsbild fallen einige Patrizierhäuser mit schönen Portalen auf, am meisten die Casa Gronda aus dem Jahr 1677.
Warum fährt unser Express nicht weiter? Ein Tafelwagen mit Milchkannen wird gerade über die Gleise gezogen, und Milch hat in der Schweiz allemal Vorfahrt! Bleiben wir also noch ein wenig in Ilanz – wegen der Umgebung. Hier zweigt nach Süden das Valsertal ab. Es wird vom Valserrhein durchflossen, einem Flüsschen, das man auch den Mittelrhein nennt, wohl um es etwas aufzuwerten. Doch kann es mit den großen Brüdern, dem Vorder- und dem Hinterrhein, bei weitem nicht mithalten. Am Ende des Tales liegt Bad Vals, renommiert als Kurort, als Thermal- und Mineralbad. Hinter Bad Vals wird das Hochtal wild, bis der Betondamm des Zevreila-Stausees ihm ein »widernatürliches« Ende setzt. Bad Vals erhielt seinen Namen von den Walsern, denen wir noch eine kurze Betrachtung widmen wollen. Im 13. und 14. Jahrhundert sind die deutschstäm-

Ilanz – »die erste Stadt am Rhein« liegt schon in der Surselva. Das ist der rätoromanische Name für die Landschaft »hinter dem Wald«.

migen Walser aus dem Wallis ausgewandert, wo es ihnen zu eng geworden war. Charakteristisch ist für die Walser, die schon im Wallis Hochlandsiedler gewesen waren, dass sie immer von oben, über die Pässe gekommen sind, zum Beispiel über den Furkapass ins Urserental und weiter über die Oberalp ins Rheintal, sozusagen entlang der Strecke des Glacier Express. Andere sind über Splügen ins Valser- und Saflental eingewandert. Die unteren Lagen überließen sie den Romanen. Sie selbst sind in den oberen Regionen geblieben, wo sie genügend Platz für ihre Weidewirtschaft fanden. Wo dieser allerdings nicht ausreichte, haben sie durch massive Rodungen die Waldgrenze in ihren Siedlungsgebieten von durchschnittlich 2150 Metern auf etwa 1800 Meter gesenkt – ein Eingriff, dessen nachteilige Folgen man erst sehr viel später erkannt hat, der aber kaum noch wiedergutzumachen ist.

Längst sind die Siedlungsgebiete nicht mehr so klar getrennt. Doch die Architektur in Stein oder Holz ist verräterisch. Immer noch sieht man fast jedem Dorf in der Surselva, im Domleschg, im Rheinwald an, ob es romanischen oder deutschen Ursprungs ist.

Wahrzeichen von Ilanz ist das Obertor aus dem 16. Jahrhundert, das zur einstigen Befestigungsmauer gehört.

Ilanz liegt inzwischen hinter uns. Eine Schlucht ist es nicht mehr, die wir nun durcheilen, aber ein tief eingeschnittenes Tal, und die alten Dörfer breiten sich erst oberhalb des Einschnitts auf saftigen Wiesenmatten aus: Waltensburg und Brigels auf der sonnigen rechten Seite, Surcuolm und Obersaxen auf der linken, um nur die bekannteren Orte zu nennen.

Trun heißt die nächste Station. Der kleine Ort ist Graubündenern mit Geschichtsbewusstsein wichtig. Anno 1424, am 16. März, wurde hier unter dem legendären Ahornbaum der Obere oder Graue Bund (La Lila Grischa), der zur Keimzelle des Kantons werden sollte, beschworen. Die treibende Kraft zu diesem Landfriedensbündnis ist der Abt des Klosters Disentis gewesen, beteiligt waren die großen Feudalherren und die (romanischen wie deutschen) Gemeinden der beiden Rheintäler, später auch des Misox. In diesem Zusammenschluss kann man einen charakteristischen Zug schweizerischer Staatsbildung erkennen.

Der alte Ahorn steht nicht mehr. Doch aus seinem Samen wurde ein junger Sprössling gezogen, der jetzt auch schon über hundert Jahre in seinem Stammbaum hat. Der »Disentiser Hof« steht allerdings noch und dient heute als

Viadukt über das Val Bugnei.

Heimatmuseum. Sein repräsentativstes Stück ist der Gerichtssaal, in dem die Boten der 21 Gerichtsgemeinden alljährlich unter dem Vorsitz des Landrichters zusammentraten, um zu beraten und zu entscheiden. Im Saal sind die gemalten Wappen aller Landrichter seit 1424 zu sehen. Auch die anderen Stuben zeigen wertvolle Einrichtungsstücke. – Die Kapelle neben dem Ahorn ist der Sankt Anna geweiht, ein schöner Barockbau aus dem Jahr 1704 mit prächtigem Schnitzaltar.

Weiter geht die Fahrt – am Somvixtal (Val Sumvitg) vorbei, das im Jahr 1980 ein Erdrutsch von der Außenwelt abgeschnitten hat; die »Rutschbahn« ist noch beklemmend deutlich zu sehen. Die Bergspitze im Hintergrund ist der Piz Vial (3168 m), links und rechts von Gletscherfeldern umgeben. Die Bergwelt südlich des Rheintales ist merkwürdigerweise wenig bekannt, allerdings auch wenig erschlossen. Wer über die »überlaufenen Alpen« klagt, braucht nur die gängigen Trampelpfade des Alpinismus zu verlassen. Er wird noch genügend Reservate der Einsamkeit finden, wie zum Beispiel hier, auf den Gipfeln und in den Tälern zwischen Lukmanierpass und Kleinem Sankt Bernhard.

Das Dorf Somvix liegt am Hang gegenüber dem gleichnamigen Tal und hat eine Johanneskirche mit überraschend üppiger Barockausstattung. Der Rhein ist hier nun schon sehr viel bescheidener. Ein munter und unbeschwert sprudelnder

Bergbach, der sich's noch nicht träumen lässt, dass aus ihm einmal ein stolzer Strom und gewissermaßen auch ein Politikum werden soll.
Vor uns wird ein kolossales Kloster sichtbar, darunter der dazugehörige Ort. Ein paar Windungen noch, dann fährt der Glacier Express im Bahnhof Disentis ein.

Disentis – ein Kloster in der Wildnis

Verglichen mit Chur war die Surselva – das Vorderrheintal zwischen Ilanz und Disentis – hinterwäldlerisch, was ja auch in ihrem Namen zum Ausdruck kommt. Während Chur sich zum Umschlagplatz für den Handel und Wandel über die Pässe entfalten konnte, schien in der Surselva die Welt ringsum mit Brettern vernagelt zu sein. Der richtige Platz also für einen Einsiedler, der seine Mission ernst nahm.
Um das Jahr 700 kam ein schlichter Mönch namens Sigisbert den Rhein heraufgezogen. Als er einen Platz gefunden hatte, der ihm weitab genug schien von allen diesseitigen Verstricktheiten, baute er dort eine Kapelle in den Wald. Im damals allein maßgeblichen Kirchenlatein hieß dieser Ort Desertina (Wildnis) – was dem Sigisbert bestätigte, die richtige Wahl getroffen zu haben.

Die kleine St.-Vigilius-Kirche von Sedrun wird von den meisten Touristen übersehen.

Doch die Geschichte hat ihre eigene Dynamik. Schon um 750 gründete ein Bischof Ursicinus ein Kloster in der Einsiedelei nach den benediktinischen Ordensregeln, die hier noch heute gelten. Das erregte sogleich das Missfallen des mächtigen Bischofs in Chur, der seinen möglichen Rivalen ganz unchristlich beseitigen ließ. Doch dessen Nachfolger übte Sühne und machte dem Kloster großzügige Schenkungen in der Surselva. Diese bildeten den Grundstock des bis in die Gegenwart hinein umfangreichen klösterlichen Grundbesitzes. Die Mönche machten sich unverzüglich an die Arbeit, zogen Siedler heran, rodeten die sonnigen Terrassen um Disentis und im Val Medel und verkündeten den christlichen Glauben, auch jenseits des Oberalppasses. Größere Bedeutung erlangte der andere Pass, der Lukmanier, zunächst allerdings im negativen Sinn. Anno 940 fielen sarazenische Horden vom Tessin her ins Rheintal ein und plünderten das Kloster, bevor sie Chur und Sankt Gallen heimsuchten. Es sieht so aus, als hätten erst sie auf einen vorteilhaften Weg durch die Alpen aufmerksam gemacht. Jedenfalls: Nachdem der »Sarazenen-Spuk« verschwunden war, überschritt Kaiser Otto I. im Jahr 965 den Lukmanierpass auf der Flucht vor der Pest in Mailand. Bald wurde dieser Pass zur bevorzugten Route deutscher Rompilger, woraus das Kloster seinen Nutzen zu ziehen wusste. Es übernahm die Sicherung des Reise- und Warenverkehrs und sorgte so für den guten Ruf des Passes, der allein von Kaiser Friedrich Barbarossa drei Mal benutzt wurde. Die Anerkennung

Der Bahnhof Disentis ist »Grenzstation« zwischen den »Hoheitsgebieten« der Rhätischen Bahn und der Matterhorn-Gotthard-Bahn, die nun die weitere Regie übernimmt.

für diese Verdienste blieb nicht aus. Schon im Jahr 1048 war die Abtei für reichsunmittelbar erklärt worden; ihr Territorium führte jetzt den Namen »Cadi« (Casa dei = Haus Gottes). Der Abt als Feudalherr besaß die hohe und niedere Gerichtsbarkeit sowie die Rechte der Jagd, der Fischerei und des Bergbaus. Sein Herrschaftsgebiet reichte von der Furka bis vor Ilanz und über den Lukmanier hinweg; in der lombardischen Ebene hatte die Abtei Streubesitz und pflegte rege Beziehungen zu den Herzögen von Mailand.

Zunehmenden Wohlstand verdankte die Surselva und mit ihr die »Cadi« den Walsern aus dem Wallis, deren Einwanderungswelle im 13. Jahrhundert ihren Höhepunkt erreichte. Die Walser waren es gewöhnt, hart zu arbeiten, sie hatten einen ausgeprägteren Erwerbs- und Eigentumssinn als die romanischen Ureinwohner. Deren Anpassungsbereitschaft dürfte es zu verdanken sein, dass es dennoch nicht zu ernsten Konflikten mit den Einwanderern kam. Die Walser dominierten auf allen Gebieten, und im 14. Jahrhundert war die Surselva praktisch germanisiert. Erst im 17. und 18. Jahrhundert setzte wieder eine rückläufige Bewegung ein. Heute empfinden wir die Bevölkerung eher als rätoromanisch denn als deutsch. Das erkennt man selbst in den Details: Vom vorbeifahrenden Zug aus kann man beispielsweise Wörter wie »Garascha«, »Drogaria« oder »Restorant« lesen, die wohl signalisieren sollen, dass man sich hier die Pflege der romanischen Sprache und Kultur angelegen sein lässt.

Eindrucksvoller Blickfang: Das wuchtige Kloster von Disentis mit seiner reichen Geschichte.

Hübsche Dörfer begleiten die Fahrt durch die Surselva – hier Rabius.

Im 14. Jahrhundert ging es im »Heiligen Römischen Reich Deutscher Nation« drunter und drüber; da wog die Reichsunmittelbarkeit nicht mehr schwer. Nicht nur in den Urkantonen der Schweiz mit ihrem Nationalhelden Wilhelm Tell begann man sich auf die eigenen Möglichkeiten und Interessen zu besinnen und sich gegen die Fremdherrschaft aufzulehnen. In dieser Zeit des Umbruchs erlebte die Surselva schlimme Krisen und blutige Privatfehden zwischen machthungrigen Feudalherren und den aufkommenden demokratischen Kräften in den ländlichen Gemeinden. Wie wir schon gesehen haben, ist es nicht zuletzt den Äbten von Disentis zu verdanken, dass allmählich Formen des regionalen Zusammenlebens gefunden worden sind, aus denen zunächst der »Graue Bund«, dann die »Rätische Republik Graubünden« und schließlich der Kanton der Schweizerischen Eidgenossenschaft entstehen konnte.
Das sagt sich so einfach dahin. Doch ein langer Weg ist noch zurückzulegen gewesen von den Anfängen der Bünde über die Wirren von Reformation und Gegenreformation im 16. Jahrhundert, die dynastischen Auseinandersetzungen im 17. Jahrhundert und die Napoleonischen Kriege um 1800 – in deren Verlauf französische Truppen Dorf und Abtei Disentis gebrandschatzt haben – bis zur heute von aller Welt neidvoll bewunderten friedlichen Existenz der neutralen Schweiz. Die Abtei hatte sich mit einem unaufhaltsamen Verlust an politischer Macht abzufinden. Doch in dem Maße, in dem sie Macht durch geistigen Einfluss ersetzte, blieb sie ein bestimmender Faktor im Spiel der Kräfte.

Die Rolle, die das Kloster auf kulturellem Gebiet spielt, ist verdienstvoll: Es kümmert sich um die Erhaltung der rätoromanischen Überlieferung, insbesondere der Sprache, und sorgt dafür, dass die Jugend der Surselva eine gediegene Schulbildung bekommt. Auf einem dritten Gebiet wirkt es geradezu segensreich: Als größter Grundbesitzer weit und breit nimmt es direkten Einfluss auf eine organische, maßvolle Entwicklung der Gemeinde Disentis.
Der mächtige, das Tal weithin beherrschende Baukomplex des Klosters stammt im Wesentlichen aus der Zeit zwischen 1695 und 1712. Die Klosterkirche mit der doppeltürmigen Fassade ist ein Werk des Vorarlberger Baumeisters Kaspar Moosbrugger. Die prachtvolle Barockanlage gehört zu den schönsten sakralen Innenräumen auf schweizerischem Boden. Der frühbarocke Hochaltar ist im Jahr 1656 im bayerischen Deggendorf entstanden. Das Klostermuseum birgt eine einzigartige Sammlung mittelalterlicher Plastik aus Graubünden.
Die Schätze, die das Kloster – trotz Krieg, Plünderung und Feuersbrunst – im Lauf der Jahrhunderte gesammelt hat, können nicht darüber hinwegtäuschen, dass die »Cadi« immer eine arme Region gewesen ist. Im 19. Jahrhundert nahm die Auswanderung Besorgnis erregende Ausmaße an; viele Kinder wurden als »Schwabengänger« nach Süddeutschland vermietet, wo sie den Bauern als billige Hilfskräfte zu dienen hatten. Eine neue Auswanderungswelle begann sich in der zweiten Hälfte des 20. Jahrhunderts abzuzeichnen. Die Verdienstmöglichkeiten in der Landwirtschaft gingen zurück, junge Leute suchten ihre Chance in den Städten.
Allein der Tourismus hat die weitere Entvölkerung des Tales aufhalten können. Heute kann Disentis (1140 m, 2500 Einwohner) seinen Gästen eine gut entwickelte Infrastruktur – darunter ein paar nicht zu übersehende, deplatzierte

Freundliche Augenweiden bei der Fahrt durch die Surselva.

Riesenbauklötze – bieten, im Sommer ein unbegrenztes Wander- und Bergtourenrevier, im Winter ein attraktives Skigebiet, das am Piz Ault eine Höhe von 2900 m erreicht. Außerdem ist das Val Medel für seinen Reichtum an Mineralien bekannt.

Über den Oberalppass

Im Bahnhof Disentis hat unser Zug einen etwas längeren Aufenthalt. Er überschreitet hier nämlich eine Grenze – zwischen zwei Bahn-Hoheitsgebieten: Wir verlassen das Reich der Rhätischen Bahn und rollen ein ins Reich der Matterhorn-Gotthard-Bahn (MGB). Die beiden Bahngesellschaften verfügen zusammen über das umfangreichste Meterspurnetz Europas! Aber sie bleiben doch getrennte Gesellschaften, und deshalb wechselt hier nicht nur die Lokomotive, sondern auch das Personal.

Die Lokomotive wechselt übrigens aus einem anderen Grund: Die Steigung zum Oberalppass und das Gefälle jenseits des Passes sind so groß, dass sie nur von einer Lokomotive mit Zahnradantrieb bewältigt werden kann. Unmittelbar nach der Abfahrt hören wir denn auch das kräftige, Vertrauen erweckende »Rrums«,

Der Weiler Selva kurz vor dem Oberalppass. Im Bild nicht sichtbar: Die Mauer des hoch gelegenen Stausees Laj da Nalps, der von einem Seitenarm des jungen Rheins gespeist wird.

das entsteht, wenn die Zahnradlok sich in die Zahnstange einhakt. Es wird noch öfter zu hören sein, denn wo es nicht unbedingt nötig ist, fährt der Zug ohne Zahnradhilfe.
Außerhalb von Disentis ist rechts die Seilbahn zu sehen, die ins Skigebiet hinaufschwebt; mit dem Lift gelangt man sogar bis zum Piz Ault. Da oben ist auch eine Grenze, eine Sprachgrenze: Dort beginnt der Kanton Glarus, und die Berge tragen biedere deutsche Namen: Oberalpstock, Chrüzlistock, Schattig Wiehel und so weiter. Aber sie verstecken sich vor den Blicken aus dem Tal. Links dagegen ein letzter Gruß aus dem Val Medel und seiner Gletscherwelt, wo die Gipfel »romanisch« geblieben sind: Piz Uffiern, Cima di Camadra, Piz Medel ...
Sedrun: ein freundliches Dörfchen, beliebt bei Familien im Sommer wie im Winter. Hier endet eine herrliche Skitourenabfahrt vom Oberalpstock (3328 m) herunter – übrigens der erste nennenswerte Berg, der von Skifahrern bestiegen worden ist. Das war immerhin schon um 1895. Skigeschichte. Wer hätte damals ahnen können, was aus der Passion von ein paar »Spinnern« einmal werden würde?
Wir befinden uns jetzt im Tavetsch, dem obersten Teil des Vorderrheintales. Die Steigung beginnt spürbar stärker zu werden – und da gibt es auch schon einen harten Ruck: Das Zahnrad ist in die Zahnstange eingehängt worden.
Selva: der Name deutet auf Wald hin. Doch von dem ist hier, außer jungen Lawinenschutzwäldern, wenig zu sehen. Das war einmal anders. Um Weideflächen zu gewinnen, haben die früheren Bewohner die Wälder gerodet und ihren Nachkommen damit große Sorgen bereitet. Jahrhundertelang war das Tavetsch ein besonders gefürchteter Lawinenstrich, sind die Dörfer wiederholt zerstört worden und viele Menschen den Weißen Tod gestorben. Jetzt bemüht man sich durch den Bau aufwendiger Schutzbauten, Galerien und Tunnels, die Fehler der Vergangenheit zu korrigieren. Die Winter sind lang und hart. Es scheint unmöglich, die Autostraße über den Pass freizuhalten. Die Bahnleute aber haben es geschafft: Im Jahresdurchschnitt kommt man nur an zehn Tagen auch mit der Bahn nicht über den Pass!
Tschamut heißt das letzte Dorf vor dem Pass – und das erste am Rhein, von dem es nun endgültig Abschied nehmen heißt. Die Geografen haben sich darauf geeinigt, die Hänge um den Lai da Tuma (Toma-See) zum Quellgebiet des

Die Kapelle von Tschamut, dem letzten Dorf vor dem Oberalppass. Von hier führt ein Wanderweg zur Rheinquelle am Lai da Tuma (Toma-See).

Bis weit in den Juni liegen noch Schneereste am Oberalppass.

Vorderrheins zu erklären. Und von dort oben kommt ja auch ein wilder, ungestümer Bergbach ins Tavetsch heruntergesprungen. Doch er hat noch Brüder, eine ganze Menge sogar. »Im Dutzend billiger« könnte man sagen, würde man damit nicht der Würde von Vater Rhein zu nahe treten. Jedenfalls: Jedes Hochtal hier in der Gegend – notabene: auf der Südseite – hat seinen Bach, und jeder Bach ist ein Rhein oder Rein. So gibt es, um nur einige zu nennen, den Valser Rhein, den Rein de Medel, Rein de Sumvitg, Rein de Nalps, Rein da Cristallina, Rein da Malghels, Rein da Curnera, Rein da Tuma. Der Nalps und der Curnera sind übrigens zu Speicherseen aufgestaut, deren mächtige Mauern wir im Vorüberfahren hoch über der Bahnlinie sehen können.

Auf den Wiesen von Tschamut stehen vereinzelt noch Kornhisten, harfenartige Holzgerüste zum Trocknen des Getreides. Früher sind im Tavetsch bis zu einer Höhe von 1700 Meter Roggen und Gerste angebaut worden. Kaum zu glauben, wenn man weiß, wie lange der Schnee hier liegen bleibt! Bis in den Sommer hinein kann man entlang der Bahnlinie die Frühlingsblumen blühen sehen, Krokusse und Soldanellen, Himmelschlüssel und Enziane ...

Am Oberalppass (2033 m) passieren wir die Grenze zwischen den Kantonen Graubünden und Uri. Der Oberalpsee lädt nicht unbedingt zum Baden ein; man kann es ihm deutlich ansehen, dass er viel zu kalt ist. Im Sommer wirkt die Passhöhe kahl und unwirtlich. An schönen Wintertagen gefällt sie mir besser: Eine festliche Farbsinfonie in Weiß und Blau, die von keinem Missklang

gestört wird! Als Dorado für Skibergsteiger sind die Berge beiderseits des Passes nur in der Umgebung bekannt. Glückliche Schweiz, die so viele Möglichkeiten bietet!
Zwischen Oberalppass und Andermatt müssen auf kurze Distanz sechshundert Meter Höhenunterschied überwunden werden. Es bleibt also beim Zahnrad, das bergab nicht dem Antrieb, sondern der Sicherung dient. Sobald die Höhenrücken beiderseits der Passstraße zurücktreten, öffnet sich ein weiter, prachtvoller Blick: Tief unten liegt Andermatt, mächtig überragt vom Massiv des Gemsstocks. Achten Sie auf das winzig wirkende Waldstück oberhalb des Ortes! Es ist das letzte Stückchen Schutzwald, das Andermatt und seine Bewohner vor Lawinen beschützen kann. Einst ist der ganze Hang bewaldet gewesen. Zu spät hat man die buchstäblich existenzielle Bedeutung der Schutzwaldfunktion erkannt.
In drei großen Serpentinen senkt sich die Trasse; ständig wechseln die Perspektiven mit der Fahrtrichtung: im Süden die Gipfel um den Sankt Gotthard, im Westen das zunächst breite Urserental (bei klarem Wetter sind die Straße zum Furkapass und das alte Passhotel zu erkennen), im Nordwesten die Spitzen des Salbitschijens (2571 m), im Norden der Eingang zur Schöllenenschlucht. Drei Kehrtunnels müssen wir noch durchfahren. Kurz darauf hält der Glacier Express im Bahnhof Andermatt.

Exkurs: Zu Fuß zur Rheinquelle
Von der Station Oberalppass kann man auf einem gut begehbaren Weg zum Tuma-See/Lai da Tuma hinüberwandern; Hin- und Rückweg etwa 3 Stunden. Es gibt, wie gesagt, auch noch andere Rheinquellen. Aber der Tuma-See hat es geschafft, sich im allgemeinen Bewusstsein gegen die konkurrierenden Quellen durchzusetzen. Und so stehen wir andächtig vor der in den Fels eingelassenen Tafel, die das sozusagen amtlich macht, und stellen uns vor, wie aus diesem Rinnsal, das den bescheidenen Tümpel verlässt, der mächtige »Vater Rhein« wird, der, nachdem er drei Länder durchflossen hat, nach 1320 km sich in die Nordsee verströmt. Er ist zwar nicht der größte, doch sicher der meistbesungene unter den Flüssen Europas.

Andermatt an der Gotthardstraße

Heute würde man Andermatt als »Drehkreuz« bezeichnen können, denn es ist die Ausgangsstation zu drei großen Alpenpässen: zum Oberalp-, Furka- und

Eine kräftige Lokomotive zieht hier die Waggons durch die hoch gelegenen Weiden.

Gotthardpass. Früher hat man diese Lage poetischer gesehen. In der kleinen Karls-Kapelle in Hospental fragt eine Inschrift den Reisenden:
Hier trennt der Weg, o Freund,
wo gehst du hin?
Willst du zum ew'gen Rom hinunterziehn?
Hinab zum heil'gen Köln,
zum deutschen Rhein?
Nach Westen weit ins Frankenland hinein?
Zum ew'gen Rom führt(e) die Straße über das Gotthardmassiv, den mächtigen, unwirtlichen Gebirgsstock, der schon Goethe so beeindruckt hat, als er im November 1779 den alten Saumweg zum Pass hinaufwanderte und oben im Kapuzinerhospiz übernachtete. Er erkannte ihm den »Rang eines königlichen Gebirges« zu, »weil die größten Ketten bei ihm zusammenlaufen und sich an ihn lehnen«. Nun, die Gipfel um den Gotthard sind nicht so gewaltig, wie Goethe meinte. Der höchste ist der Pizzo Rotondo, mit 3192 Metern gut tausend Meter höher als der Pass (2109 m). Doch diese Überschätzung hatte Tradition. Schon die Römer waren der Meinung gewesen, dass die Alpen hier ihren höchsten Punkt erreichten.
Das war nicht der einzige Grund dafür, dass der Gotthardpass vergleichsweise spät als Alpenübergang erschlossen worden ist. Insbesondere von Norden her kam man ihm nur auf umständlichen Wegen nahe. Noch bis zur Mitte des 19. Jahrhunderts musste man mit dem Schiff von Brunnen nach Flüelen über den Vierwaldstätter See fahren. Erst die berühmte und exponierte Axenstraße

Bild links: Kirche von Andermatt. Von hier aus führt die alte Straße auf den St.-Gotthard-Pass.

Bild rechts: Souvenirstand am Oberalppass.

öffnete den Landweg. Vor allem aber die »grausige« Schöllenenschlucht unmittelbar nördlich von Andermatt! Nur ein Pakt mit dem Teufel hatte, wie Legenden berichten, den Wegebauern geholfen, die tief eingeschnittene Schlucht der tosenden Reuß zu überbrücken. Deshalb gibt es heute noch eine alte und eine neue Teufelsbrücke zu bestaunen, über die mittlerweile ein eindrucksvoller Wanderweg von Andermatt nach Göschenen führt.

Die Teufelsbrücke in der Schöllenenschlucht demonstriert, dass in der Schweiz mehr Geld für Verkehrswege ausgegeben werden muss als in jedem anderen Land Europas, vielleicht sogar der Welt.

Durch die Schöllenenschlucht zwängt sich der sicherlich abenteuerlichste Verkehrsstrang der an aufregenden Straßen nicht gerade armen Schweiz: Neben dem verfallenen Saumpfad und dem alten Postkutschenweg – hier erinnert das Suworow-Denkmal an eine blutige Episode (1799) aus den Kämpfen zwischen Franzosen und Russen im Napoleonischen Krieg – gibt es noch die gut ausgebaute Landstraße und sogar eine Bahntrasse: Die »Schöllenenbahn« stellt von der Station Göschenen der Gotthardbahn aus den Anschluss an die Furka-Oberalp-Bahn her. Auf einer mit Tunnels und Schutzgalerien gespickten Strecke von knapp vier Kilometern hat sie dreihundert Meter Höhenunterschied zu bewältigen, bei Steigungen bis zu 17,9 Prozent wird durchgehend mit Zahnradantrieb gefahren.

Alle diese Trassen mussten einer äußerst widerspenstigen Natur abgerungen werden. Spät zwar, doch unaufhaltsam entwickelte sich der Gotthardpass zum wichtigsten Handelsweg zwischen Basel und Mailand, zwischen Südwestdeutschland und der Schweiz einerseits sowie Oberitalien andererseits, also zwischen Regionen von ständig zunehmender wirtschaftlicher Bedeutung. Daher ist die-

Nostalgiefahrten.

ser Pass auch einer der ersten gewesen, dem die neuzeitliche Technik mit ihren Mitteln zu Leibe rückte: Im Jahr 1882 ist der fünfzehn Kilometer lange Eisenbahntunnel zwischen Göschenen und Airolo eröffnet worden, knapp hundert Jahre später (1980) der etwa gleich lange Straßentunnel. Man muss sich das

Andermatt ist Hauptort des Urserentals und Verkehrsknotenpunkt für drei Passstraßen.

einmal vorstellen: Während wir hier im Bahnhof Andermatt halten, fluten dreihundert Meter unter uns unablässig Autos und Eisenbahnen durch den Berg! Auch darüber könnte man sich Gedanken machen: Andere Nationen haben Kriege geführt, Kolonien zusammengerafft, um Macht und Größe gekämpft. Die Schweizer haben nichts dergleichen getan, sondern Verkehrswege durch ihre unzugängliche Bergwelt geschlagen. Die ihnen dabei abverlangte Energie und Fantasie waren kaum weniger bedeutend, die Blutopfer indessen, selbst wenn es Tausende gewesen sind, unvergleichlich geringer; die »Siege« aber waren von Dauer und einträglich außerdem!

Andermatt (1436 m) ist als Sommererholungsort und Wintersportplatz gleichermaßen beliebt. Von hier aus schwebt die Gotthard-Luftseilbahn zum Gemsstock (2963 m) hinauf, ins Zentrum eines attraktiven Bergtouren- und Skigebietes. Zum historischen Ortsbild gehören das Rathaus aus dem Jahr 1583, das nach einem Brand im 18. Jahrhundert unter Verwendung alter Bauteile wieder aufgebaut worden ist, die schöne Barockkirche St. Peter und Paul, schließlich auch die »Granitschienen« in der Hauptstraße, auf denen die Räder der Postkutschen sanfter gerollt sind als auf dem sonst üblichen Kopfsteinpflaster.

Im Hotel Drei Könige & Post hat schon Goethe genächtigt und in seinem Tagebuch das Essen gelobt.

Realp ist Ausgangspunkt traumhafter Wanderungen. Hier verschwindet der Zug im über 15 Kilometer langen Furka-Basistunnel.

Unter dem Furkapass hindurch

Weiter geht die Fahrt ins Urserental hinein, ein typisch eiszeitliches Trogtal. In Hospental erinnert eine Burgruine aus der Zeit um 1200 mit ihrem mächtigen Turm an den verblichenen Ruhm der Herren von Hospental. Unmittelbar beim Ort beginnt die Straße über den Sankt-Gotthard-Pass ihren letzten langen Anstieg zur Passhöhe. Wegen der eindrucksvollen Ausblicke unterwegs ziehen sie viele Autofahrer im Sommer der finsteren Tunnelröhre vor. Wenig später sind wir schon in Realp, wo der Glacier Express mit uns im Furka-Basistunnel verschwindet. Der Tunnel ist 15,4 Kilometer lang, erreicht auf seinem Scheitelpunkt eine Höhe von 1564 Metern und ist im Frühjahr 1982 als Schlussstück der einzigen ganzjährigen Ost-West-Verbindung im Alpenraum eröffnet worden.

Bevor der Furka-Basistunnel existierte, musste sich die Bahn mühsam zu einer Höhe von über 2100 Metern hinaufkämpfen. In einem zwei Kilometer langen Tunnel unterfuhr sie den Furkapass (2431 m) und kletterte jenseits auf steiler Trasse, am Rhonegletscher vorbei, wieder abwärts ins Tal. Trotz des Tunnels war die Strecke höchstens fünf Monte im Jahr passierbar. Während der übrigen Zeit herrschten oben winterliche Verhältnisse, oder es mussten die Verwüstungen beseitigt werden, die der Winter – insbesondere durch die zahlreichen Lawinen, die Jahr für Jahr die Trasse tief unter sich begruben – angerichtet hatte.

Dank eines Vereins ist die Furka-Bergstrecke wieder zum Leben erweckt worden (oben). Die nach Vietnam verkauften Dampflokomotiven konnten zurückgeholt werden (rechts).

Exkurs: Nostalgiefahrt
Nachdem die Fahrt von Andermatt ins Wallis durch den Bau des Furka-Basistunnels problemlos und winterfest gemacht worden ist, hat ein Verein es fertiggebracht, die Uhr des technischen Fortschritts zurückzustellen, und lässt nun während der Sommermonate zwischen Realp und Gletsch Dampfzüge auf der alten zahnradbestückten Bergstrecke fahren. Besondere Attraktion: Der Zug fährt beim Hotel Belvedere am berühmten Rhonegletscher vorbei!

Um vorhersehbare Schäden zu vermeiden, musste die Steffenbachbrücke zwischen Realp und Tiefenbach, die auf diese Weise zu einer gewissen Berühmtheit gelangt war, jedes Jahr im Herbst eigens abgetragen und im Frühjahr wieder montiert werden. Die Verhältnisse, unter denen diese Arbeit geleistet werden musste, ließen keinen Einsatz von Maschinen oder auch nur Zugtieren zu. Allein ein paar Flaschenzüge haben die menschliche Muskelkraft unterstützen können, wenn es darum ging, die schweren Eisenträger Zentimeter um Zentimeter vorwärts zu bewegen. Heute schon klingen die Erzählungen der Beteiligten wie Legenden aus heroischer Zeit.

Auch auf anderen Gebieten bedeutete der Furka-Basistunnel einen erfreulichen Fortschritt: Den Autofahrern erschließt er den Übergang von der Zentralschweiz ins Rhonetal auch während der acht Monate, in denen die Straße über den Furkapass gesperrt ist (Autoverladung Realp – Oberwald). Die Bewohner des oberen Rhonetales bringt er der übrigen Schweiz näher und trägt damit zur Verbesserung der wirtschaftlichen und sozialen Verhältnisse in der lange Zeit ziemlich isolierten Region bei. Und Ihre Fahrzeit, liebe Leser, verkürzt er immerhin um eine halbe Stunde!

2
3

FO

Im Kanton Wallis

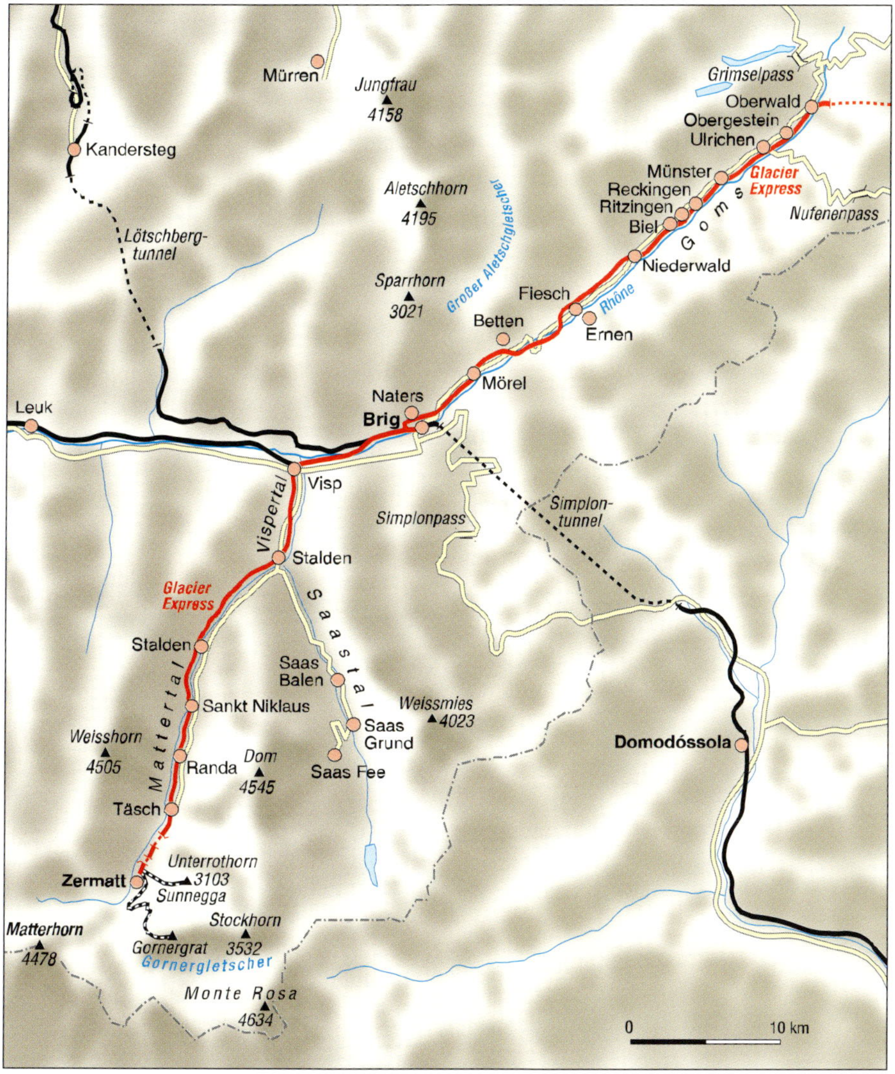

Ohne Liebhaber wären die Schwarznasenschafe im Wallis längst ausgestorben.

Durch das obere Rhonetal, auch Goms genannt

Wir sind im oberen Rhonetal angekommen, das zum deutschsprachigen Teil des Kantons Wallis gehört. Der deutsche Name der Rhone lautet hier »Rotten«, und der Teil des Tals, den wir zunächst durchfahren, wird von seinen Bewohnern »das

Bild gegenüberliegende Seite: Obergesteln im Goms, vom Galenstock eindrucksvoll überragt.

Den Service im Glacier Express könnte sich manches Restaurant zum Vorbild nehmen.

Goms: oberes Rhonetal.
Oberwald: Pfarrkirche mit Zwiebelturm und reicher Barockausstattung.
Münster: Hauptort des Goms; Pfarrkirche Unserer Lieben Frau mit einem berühmten spätgotischen Flügelaltar (1509); Museum der Kirche mit sakralen Kunstschätzen.
Reckingen: schönste Barockkirche des Wallis; reizvolle Renaissancehäuser.
Ritzingen: Wallfahrtskapelle »vom Ritzingerfeld«.
Niederwald: Geburtsort des berühmten Hoteliers Cäsar Ritz; Barockkirche aus dem 17. Jahrhundert.
Ernen: unzerstörtes, prächtiges Ortsbild; Dorfplatz mit sehenswerten Häusern; Pfarrkirche St. Georg (1510 – 1518) mit bedeutenden sakralen Kunstwerken.
Fiesch: Klimakurort, Luftseilbahn auf das Eggishorn (herrliche Aussicht).
Naters: alter Ortskern; sehenswerte Pfarrkirche; spätgotisches Beinhaus (1514).
Brig: Metropole des Oberwallis; Eisenbahnknotenpunkt; Stockalperpalast (prächtiger Barockbau), Wahrzeichen der Stadt, benannt nach dem einflussreichen Kaufmann Kaspar Jodok Stockalper, der den Warentransport über den Simplon kontrollierte.
Visp: Industrieort; malerische Altstadt; in Visperterminen höchstgelegenes Weinanbaugebiet Europas.
Saas-Fee: Fremdenverkehrsort; bekanntes Skigebiet.
Zermatt: international bekannter Kur- und Bergsteigerort; riesiges Skigebiet; höchste Luftseilbahn Europas (3820 m) auf das Stockhorn und Gornergratbahn (Zahnradbahn) mit fulminanter Aussicht auf zahlreiche Viertausender; Matterhorn (4478 m).

Zehn bis zwölf Waggons umfasst der Glacier Express in der Regel.

Das reizvolle Walserdorf Ernen im Goms.

Goms« genannt. Er erstreckt sich vom Rhonegletscher abwärts bis in die Gegend vor Brig, genau gesagt: bis zum Dorf Lax. Die Orte, an denen der Glacier Express nun ohne Halt vorüberfährt, heißen (unter anderem): Reckingen, Gluringen, Ritzingen, Selkingen, Blitzingen – und das klingt, als seien wir irgendwo ins Schwabenland geraten. Aber es klingt nur so. Ein kurzer Blick zurück in die tiefste Vergangenheit des Wallis wird uns des Rätsels Lösung bringen.
Vermutlich im 9. Jahrhundert haben von Norden her über den Grimmelpass eingewanderte Alemannen sich im oberen Rhonetal festgesetzt. Als fleißige Leute, die sie damals schon waren, haben sie Wälder gerodet, Weideflächen gewonnen und eine vergleichsweise blühende Viehzucht aufgebaut. Weil sie sich aber auch fleißig vermehrt haben, reichte der karge Boden bald nicht mehr für alle aus. So machten sich viele »Walser« wiederum auf die Suche nach neuen Siedlungsplätzen. Im Westen war ihnen der Weg durch die romanische Bevölkerung des unteren Rhonetales versperrt.
Es blieben nur die Wege nach Süden und Osten. Etwa von 1250 an wanderten kleine Walser-Gruppen, rodend und kolonisierend, über die Pässe ins Aostatal, ins Tessin, wo mit Bosco-Gurin eine kleine deutsche Sprachinsel entstand, und nach Graubünden. Walserkolonien sind auch noch im österreichischen Vorarlberg zu finden.

Kirchturm von Reckingen, einem der schmucken »Schwabendörfer« des Goms.

In ihrer alten Heimat haben die ausgewanderten Walser freilich kein Vakuum hinterlassen. Das mussten die Grafen von Savoyen, die sich das Oberwallis von Westen her einverleiben wollten, ebenso schmerzlich feststellen wie die Herzöge von Zähringen und die Berner Bürger, die es über den Grimselpass versuchten und sich gleichfalls blutige Köpfe holten. Die Natur hatte das Goms zwar nicht mit üppiger Fruchtbarkeit bedacht, doch für seinen Schutz gut vorgesorgt: Die wenigen Pässe waren mühsam und in den langen Wintern gar nicht passierbar; im Westen aber machte die natürliche Bodenschranke am Deischberg unbefugtes Eindringen schwierig.

So hat sich bis in die Gegenwart hinein eine Kulturlandschaft von ungewöhnlicher Geschlossenheit halten können. Im Goms dürfen wir uns noch am Anblick ursprünglicher Dörfer erfreuen, deren Struktur durch kaum einen architektonischen Fremdkörper gestört wird. Von der Sonne fast schwarz gebrannte, schindelgedeckte Häuser aus Lärchenholz, deren ernstes Dunkel von zierlichen weißen Fensterrahmen aufgeheitert wird, scharen sich um die Kirche, den einzigen Steinbau im Ort.

Doch hinter mancher schlichten Holzfassade verbirgt sich mehr, als der Außenstehende ahnt. Vom hohen Standard der handwerklichen Wohnkultur ist schon Goethe beeindruckt gewesen, der anno 1779 die Schweiz bereiste und Anfang November in der Sommerresidenz des Bischofs von Sitten (Sion) zu Münster übernachtete. Unter dem Namen Croix d'Or et Poste ist das Haus heute als eines der schönsten und traditionsreichsten Hotel-Gasthäuser im Wallis weithin bekannt und geschätzt.

Seine wirtschaftliche und kulturelle Blütezeit erlebte das Oberwallis zwischen dem 15. und 18. Jahrhundert. Aus dem Goms kamen bedeutende Bischöfe und Landeshauptmänner, welche die Politik des Wallis im Interesse ihrer engeren Heimat zu lenken verstanden. Für den relativen Wohlstand sorgten nicht nur die

Einnahmen aus dem Warenverkehr über die Pässe, sondern auch – die Päpste! In der Päpstlichen Schweizergarde zu Rom waren die Walliser lange Zeit besonders stark vertreten. Ihren Wehrsold aber schickten sie brav in die Heimat, wo er den Lebensstandard der Daheimgebliebenen spürbar verbesserte, doch auch zu gottgefälligen Investitionen verwendet wurde.

Die Walliser nämlich blieben im 16. Jahrhundert der »reinen katholischen Lehre« unerschütterlich treu; kein Reformator vermochte hier auf Dauer Fuß zu fassen. Und der umfassenden Bewegung der Gegenreformation folgten sie mit Inbrunst und Hingabe. Im Goms feierte die kirchliche Kunst des Barock wahre Triumphe. Innerhalb von anderthalb Jahrhunderten sind hier nicht weniger als siebzig Kirchen und Kapellen errichtet worden. Das 18. Jahrhundert gilt als die große künstlerische Blütezeit, in der sich eine erstaunliche künstlerische Produktivität konzentrierte: Architekten, Bildhauer, Bildschnitzer, Maler, Vergolder, Stuckateure schufen eine Vielzahl von reich geschmückten Kirchen, auch in den kleinsten Dörfern, und wirkten weit über die Grenzen des Wallis hinaus.

Der Umbruch in der Folge der Französischen Revolution setzte, wie anderswo auch, dieser »goldenen« Periode ein Ende. 1815 schloss sich das Wallis als einer der letzten Kantone der Schweizerischen Eidgenossenschaft an, mit der es schon seit Jahrhunderten verbunden gewesen war.

Blumenge-schmükkte, sonnenverbrannte Holzhäuser und leuchtende Lärchenwälder sind typisch für das Gomser Tal (Bild oben und unten).

Mittlerweile gilt das Wallis, der drittgrößte Kanton der Schweiz, touristisch gesehen als eine der wichtigsten Regionen. Das abgeschiedene Tal wurde jedoch erst im Jahre 1906 verkehrstechnisch mit dem Bau des Simplontunnels erschlossen.

Das Goms – ein Tal zum Wiederkommen

Sie sehen: Das karge, doch an verborgenen Schätzen reiche Goms lässt sich durch die Fenster des Glacier Express nur zu einem kleinen Teil wahrnehmen. Allzu vieles muss unentdeckt bleiben. Ich stelle mir also vor, dass Sie bald einmal wiederkommen und sich vorgenommen haben, ein paar Tage am Oberlauf der Rhone zu bleiben. Sie werden es nicht bereuen! Am besten, Sie haben Ihr Auto oder einen Leihwagen per Autoverladung mitgebracht. Nun stehen wir also in Oberwald, am Ende des Furka-Basistunnels, und blicken zunächst einmal zurück:

Da sehen wir, wie die Talstraße sich aufwärts zieht in Richtung Gletsch, unterhalb des einst so stolzen Rhonegletschers. Oben am Gletschertor, in 2140 Meter Höhe, entspringt die Rhone, die nach 812 Kilometern bei Marseille ins Mittelmeer münden wird, nachdem sie »ihr« Tal, den Genfer See und den südöstlichen Teil Frankreichs durchflossen hat.

Hier scheint die Zeit stehen geblieben zu sein – keine Verbauungen stören die Landschaft im Goms.

Der Rhonegletscher, obgleich geschrumpft wie die meisten Gletscher in den Alpen, bietet immer noch eindrucksvolle Perspektiven.

In Gletsch teilt sich die Straße: Links geht es über den Grimselpass (2165 m) ins Berner Oberland, rechts nach aussichtsreicher Fahrt am Rhonegletscher entlang über den Furkapass (2431 m) nach Andermatt und ins Urner Land »zurück«. Nun drehen wir uns um und schauen in die andere Richtung, rhoneabwärts. Es heißt ja, dass »Goms« sich von dem romanischen Wort »conque«, was so viel wie Muschelschale bedeutet, ableitet, und wie eine längliche, nach oben geöffnete Muschel liegt das Hochtal der Rhone jetzt vor uns: mit seinem schmalen, vom jungen Fluss durchfurchten Talboden, der von grünen Wiesen, gelben Gersten- und Roggenfeldern ausgefüllt ist; mit den Berghängen an beiden Seiten, die vom eiszeitlichen Rhonegletscher geglättet worden sind und sich dann mit Lärchenwäldern bedeckt haben. Darüber aber, weit zurückgezogen, die ferne Region der Gipfel und Gletscher, die auch die großen Wasserreservoire des Tales sind.

Oberwald (1366 m), Obergesteln, Ulrichen sind die – vom Unterland aus gesehen – letzten ganzjährig bewohnten Dörfer des Goms. In Oberwald, Ortsteil Unterwassern, begegnen uns die ersten typischen Walser-Holzhäuser mit den dazugehörigen Scheunen (Spychern). In Obergesteln zweigt der alte gepflasterte Saumpfad über die Grimsel ab, in Ulrichen die Autostraße über den Nufenenpass ins Tessin, der mit 2478 Metern der höchste Alpenpass der Schweiz ist. Vor allem über den Grimselpass bewegte sich schon in früheren Jahrhunderten ein lebhafter Handelsverkehr zwischen den Haslitalern im Berner Oberland und den Gomsern.

Die Kapelle von Gletsch, im Hintergrund der Rhonegletscher.

Münster ist lange Zeit neben und in Rivalität zu Ernen, das wir noch kennen lernen werden, einer der beiden Hauptorte des Goms gewesen. Die Gründer des Dorfes hatten sich auf dem Schuttkegel eines Wildbachs angesiedelt, der ihnen nicht allein einigen Schutz vor Lawinen bot, sondern auch ihren Anspruch betonte, eine dominierende Position im Goms einzunehmen. Münster ist die Heimatgemeinde der Familie von Riedmatten, die im 16. und 17. Jahrhundert sechs Walliser Bischöfe – mit Sitz in Sitten – stellen konnte.

Münsters architektonisches Hauptstück ist die Pfarrkirche Unserer Lieben Frau mit dem berühmten spätgotischen Flügelaltar, den Meister Jörg Keller aus Luzern anno 1509 aufgestellt hat, sicher das bedeutendste Kunstwerk des Goms. Die Kirche selbst zeigt unterschiedliche Stilelemente: Der Kirch- und zugleich Wachturm ist romanisch und hat eine spätmittelalterliche Glockenstube, der Neubau des Chors datiert aus dem Jahr 1491 und besitzt typisch spätgotische Kreuzgurtengewölbe, der Neubau des Schiffs ist barockes 17. Jahrhundert, die Ausstattung des Innenraumes und der Vorhalle mit der schönen Kreuzigungsgruppe schließlich zog sich bis in die Mitte des 18. Jahrhunderts hin. Das Museum der Kirche birgt eine Sammlung wertvoller sakraler Kunstschätze.

In und um Münster können Liebhaber noch eine ganze Reihe bemerkenswerter Kapellen mit interessanten Details entdecken. Zumindest ein profanes Bauwerk sollten sie dabei nicht übersehen: den mächtigen Heustadel mit dem ominösen Namen »Z'Jülisch Stadel«, der auf eindrucksvolle Weise demonstriert, dass man

im Goms auch den scheinbar primitivsten Bedürfnissen eine angemessene Bauform zu geben verstand!
Münster ist eines der (kleinen und bescheidenen) Fremdenverkehrszentren im Goms, Standquartier für Leute, die es gern ruhig haben, Kultur und Lebensweise der ansässigen Bevölkerung kennen lernen und sich viel bewegen möchten, zu Fuß natürlich. Zum Beispiel auf dem beschaulichen Rottenweg, der in Ernen beginnt und in Oberwald endet (oder umgekehrt). Ohne nennenswerte Steigung wandert man über die Wiesen des lang gestreckten Talgrundes an der munter sprudelnden Rhone entlang, der noch jegliche Würde eines großen, reifen Stromes fehlt. Wer vor maßvollem Auf und Ab nicht zurückschreckt, wird dagegen den Gommer Höhenweg wählen, der sich rechts der Rhone auf Höhen zwischen 1500 und 1800 Metern von Oberwald nach Bellwald hinzieht, mit ständig wechselnden Ausblicken auf das Tal und seine Dörfer, auf Kapellen, Schafherden und Heustadel, auf die Wälder, die hoch hinaufklettern und im Herbst besonders schön anzusehen sind, wenn die Lärchen sich prächtig färben, und auf die hohen, fernen Berge über allem.
Im Winter ist das Goms ein ideales Langlaufrevier mit schneesicheren, gut präparierten Loipen. Speziellen Komfort steuert dann die Furka-Oberalp-Bahn bei. Da die Loipen parallel zur Bahnlinie verlaufen, können »Aussteiger« an jedem Ort zum Bahnhof überwechseln. Damit sie aber nicht unnötig warten müssen, hängt an jeder Abzweigung der Fahrplan der Züge.

Die Eisgrotte im Rhonegletscher, ein beliebtes Touristenziel – wie lange noch?

Wie Perlen an der Kette folgen unterhalb von Münster die »Schwabendörfer«: Reckingen mit seiner Barockkirche, dem prächtigsten Sakralbau des kunstreichen 18. Jahrhunderts im Oberwallis (um 1745 erbaut und mit einer herrlichen Orgel ausgestattet), und mit einigen reizvollen Renaissancehäusern (Taffinerhüser) sowie der Rue des Granges, in der ein charakteristisches Ensemble von Speichern und Stadeln erhalten geblieben ist.

Ritzingen mit der Wallfahrtskapelle auf dem »Ritzingerfeld« (erbaut 1687, nach Lawinenzerstörungen im Jahre 1808 erneuert); Selkingen, das Heimatdorf der berühmten Architekten- und Bildhauerfamille Ritz, deren Kirchen, Altäre und Innendekorationen keineswegs nur im Oberwallis zu sehen sind; Blitzingen, wo im Jahr 1819 ein anderer »Künstler« geboren wurde: Alexander Sailer, Begründer der berühmten Hoteliers-Dynastie, die Zermatt groß gemacht hat; Niederwald schließlich, eines der am wenigsten veränderten Dörfer im Goms und ebenfalls – dies ist wirklich eine merkwürdige Duplizität der Fälle – Heimat eines großen Hoteliers: Hier erblickte Cäsar Ritz das Licht der Welt (1850), den man den Vater der Luxushotellerie nennt und der mit der Eröffnung des »Ritz« an der Pariser Place Vendôme seinen Namen vielleicht unsterblich gemacht hat.

Münster war ein Etappenort für Goethe auf seiner Schweizer Reise.

Bei Niederwald endet der obere, in sich abgeschlossene Teil des Goms. Das Tal verengt sich nun und senkt sich mit einer ausgeprägten Geländestufe nach Fiesch. Die Bahn überwindet das Gefälle – in umgekehrter Richtung: die

Steigung – mit Hilfe des Zahnrades in einer großen Kehre. Doch bevor wir von Fiesch aus beginnen, die Aletschregion zu erkunden, machen wir noch einen Abstecher auf das linke Rhone-Ufer, wo von der Höhe herab Ernen, das »schönste Dorf des Wallis«, mit seiner dominierenden Kirche grüßt.

So genannte Mäuseplatten schützen die Speicher vor hungrigen Besuchern.

Ernen liegt weit ab von der heutigen Durchfahrtsstraße. Der alte Saumweg zu Grimsel, Furka und Nufenen führte am linken Rhone-Ufer entlang, nicht zuletzt deshalb, weil in Ernen die früher wichtige Alpentraverse durch das Binntal und über den Albrunpass nach Domodossola abzweigte. Doch der Passverkehr ist längst eingestellt, Straße und Bahnlinie verlaufen auf dem rechten Flussufer, und Ernen, einst der Haupt- und Gerichtsort des Goms, ist ins Abseits geraten.

Was damals als schwerer Rückschlag empfunden worden war, hat sich längst als glückliche Entwicklung herausgestellt. In der Kirche können wir es lesen: »Am wirtschaftlichen Aufschwung Mitte vorigen Jahrhunderts nahm Ernen nicht teil. Dieser Tatsache verdankt es den Reichtum seiner Kunstschätze.« Zu ergänzen wäre: »... und die kaum beschädigte Schönheit seines Ortsbildes«. Der Denkmalschutz hat hier gründliche und vorbildliche Arbeit geleistet. Ohne ein Museum aus Ernen zu machen, hat er erreicht, dass der eigenartige Charakter eines herrschaftlichen, sozusagen patrizierhaften Bauerntums noch deutlich zu erkennen ist.

Um das Zentrum des Dorfes, den »Großen Platz«, gruppieren sich die repräsentativsten Häuser: das respektable Rathaus (1770), das Haus Briw (1603), das Wirtshaus zum heiligen Georg (um 1560), das Haus am Hengart (1584) und das Tellenhaus (1578) mit seinem bemalten Fries, das Szenen aus der schweizerischen Tellensage zeigt. Dazu noch viele namenlose Bauernhäuser im dunklen Walliser Holz, im Sommer mit üppiger Blumenpracht geschmückt, urige Speicher und Stadel auf den typischen Granitsteintellern, die den Mäusen den Zugang zu den Vorräten verwehren sollten.

Auf einem Hügel vor dem Dorf hat die Kirche einen beherrschenden Platz gefunden. Auf romanischen Fundamenten ist Anfang des 16. Jahrhunderts ein

Das Besondere an der Höhenterrasse der über dem Rhonetal gelegenen Bettmeralp, einem beliebten Ferienort für Familien – sie ist autofrei.

Bau im spätgotischen Stil errichtet worden. Die Ausstattung ist reich und kostbar. Besonders hervorzuheben: die hochgotische Pietà (1350), das Chorgestühl (1666), der Taufstein (1679), der Rokoko-Hochaltar (1761) und die Heiligenfiguren der Seitenaltäre aus derselben Zeit.

Am Waldrand außerhalb des Dorfes stehen noch die drei Granitsäulen, auf denen einst der Galgen montiert war. Er war, von einem Scharfrichter ausdrücklich zu Protokoll gegeben, den Bürgern des Goms vorbehalten, während sich landfremdes Pack – »frömde Hudel« – mit 101 Jahren Landesverweisung begnügen musste!

Ernen ist der Heimatort zweier Männer, die das kleine, unbedeutende Wallis, wenn es nach ihrem Willen gegangen wäre, beinahe zu einem Faktor der europäischen Geschichte gemacht hätten: des Georg Supersaxo und des Matthäus Schiner. Dass der eine das Amt eines Bischofs bekleidete, der andere es gar bis zum Kardinal brachte, darf nicht zu der irrigen Ansicht verleiten, ihre Interessen seien nicht von dieser Welt gewesen. Mit ihren Machtkämpfen, ihren Intrigen und Kriegen fügten sie sich nahtlos in die Geschehnisse der Hochrenaissance nach 1500 ein, in der Kaiser, Könige, Päpste und Kardinäle agierten wie die Helden und Schurken in einem Shakespearschen Drama. Das Haus, in dem Matthäus Schiner anno 1456 geboren wurde, ist in dem zu Ernen gehörenden Weiler Mühlebach noch zu sehen.

Von Ernen führt ein Sträßchen ins Binntal hinauf, das einst den Zugang zum Albrunpass bildete. Heute geht nur noch ein Wanderweg ins Tessin hinüber. Das Binntal wird von Kennern hoch geschätzt: einmal wegen seiner reichen und schönen Flora, zum anderen und vor allem als Fundort von interessanten Mineralien. Der Verkauf von Quarzkristallen ist früher ein beliebtes Zusatzgeschäft für die wenigen Bewohner des Binntales gewesen. Heute ist das Sammeln von Mineralien – mittlerweile ein verbreitetes Hobby – nur noch an bestimmten Plätzen erlaubt.

Unterhalb der Aletschregion: Von Fiesch nach Brig

Während ich Sie kreuz und quer durch das Goms geführt habe, ist mir selbstverständlich bewusst geblieben, dass Sie nach wie vor im Glacier Express sitzen, der diese kraftvoll-ursprüngliche Landschaft leider viel zu schnell durcheilt; er ist nun mal ein Express. Ähnlich wird es im nächsten Abschnitt unserer gemeinsamen Reise sein, die in Fiesch beginnt, wo die Landschaft Goms endet. Die Fahrt durch das Rhonetal zwischen Fiesch und Brig ist schön. Doch das Schönste wird außerhalb Ihres Gesichtskreises bleiben. Ich kann nur versuchen, es recht anschaulich darzustellen, damit Sie wissen, was Sie erwartet, wenn Sie wiederkommen.
Fiesch ist immer nur ein Kuhdorf gewesen, als Ernen und Münster schon eine bedeutende Rolle im Oberwallis gespielt haben. Erst der neuen Poststraße zu Grimsel und Furka, die in den Fünfzigerjahren des 19. Jahrhunderts gebaut wurde, und der im Jahr 1916 fertig gestellten Furka-Bahnlinie verdankt es seinen Aufstieg zum Fremdenverkehrszentrum der Region Goms. Zum ersten Mal seit Andermatt sehen wir wieder größere Hotels und andere Merkmale der touristischen Infrastruktur. Zu diesen gehört auch die Luftseilbahn, deren Großkabinen an dicken Drahtseilen steil in die Höhe entschweben. Ähnlich ist es in den Stationen Betten und Mörel, die wir bald darauf erreichen werden, nachdem der Glacier Express – durch einen Schraubtunnel und über einen stolzen Viadukt – bei der Station Grengiols eine weitere Steilstufe des Rhonetals hinter sich gebracht hat.
Fiesch, Betten und Mörel sind Talstationen einer »Mittelgebirgsstufe« von Hochalmen oder (wie man in der Schweiz sagt) »Alpen«, die sich zwischen die tiefe Furche des Rhonetales auf der einen und die Gipfel, Grate und Gletscher der Berner Alpen auf der anderen Seite geschoben hat. Wie riesige Sonnenterrassen dehnen sich oberhalb der steilen Waldflanken die saftigen, weichen Wiesenmatten: ein »gefundenes Fressen« für zahllose Generationen von Rindern, die seit den Zeiten der eingewanderten Alemannen während der Sommermonate ein so friedvolles und nahrhaftes Leben hier oben geführt haben, dass sie zum Herbst kraftstrotzend ins Tal zurückkehren konnten!
Warum sollte, was den Kühen gut bekam, nicht auch für die Menschen gut sein? Spät erst, doch dann umso zielstrebiger entwickelten sich Kühboden (oberhalb Fiesch), Bettmeralp (oberhalb Betten) und Riederalp (oberhalb Mörel/Breiten) zu gern besuchten Erholungsgebieten, als Sommerfrischen zunächst, doch mehr und mehr auch als Wintersportgebiete. Die Wiesen erwiesen sich als ebenso

Die viktorianische Villa Cassel auf der Riederfurka zwischen Riederalp und Aletschgletscher.

wander- wie wedelfreundlich, und klugerweise hat man von Anfang an den Autoverkehr ferngehalten. Das »Alpen-Paradies« ist nur mit den Seilbahnen zugänglich. Mittlerweile verteilen sich Hotels und familienfreundliche Chalets in so großer Zahl über die einstigen Kuhweiden, dass die Landwirtschaft nur noch eine untergeordnete Rolle auf der weiten Terrasse spielt.

Ist der Blick von den »Alpen« nach Süden, wo die Walliser Viertausender thronen, schon prächtig, so steigert er sich ins Großartige, wenn man noch ein paar hundert Meter höher schwebt: Das Eggishorn (2926 m) oberhalb Fiesch/Kühboden ist eine Aussichtskanzel, die im gesamten Alpengebiet ihresgleichen sucht! Denn von ihm aus öffnet sich auch der Blick nach Norden, auf die Berner Bergriesen um Jungfrau, Mönch und Aletschhorn sowie auf die grandiose Szenerie der Gletscher – vor allem den Aletschgletscher, den größten Eisstrom Europas.

Mit der Alpenrosenblüte am Aletschgletscher kann man ab Anfang Juli rechnen.

Das Hochplateau mit seinen Almwiesen und bemerkenswert schönen subalpinen Wäldern ist ein ideales Revier für Spaziergänger und Wanderer, die auf kurzen Wegen zum Ziel kommen wollen. Rundwanderwege um Riederhorn und Eggishorn erschließen die außergewöhnliche Farbigkeit der Landschaft mit Grasmatten, Bergwäldern, Felsengipfeln und dem großen Gletscherstrom. Viele Touren führen auch mehr oder weniger tief in die Gletscherregion, beispielsweise zum geheimnisvollen Märjelensee (und weiter zur Konkordiahütte) oder über die Riederfurka und den unteren Aletschgletscher zur Belalp und Oberaletschhütte.

Über das Joch der Riederfurka muss auch, wer den berühmten, naturgeschützten Aletschwald erreichen will. Der Wald am oberen Rand des Gletscherstroms bietet ein Schauspiel, das ebenso lehrreich wie faszinierend ist: Schrittweise lässt sich an ihm die Entwicklung einer Waldgesellschaft von der ersten Pioniervegetation arktischer Gewächse, die sich in den vom Eis freigegebenen Partien bilden, bis zu den ersten Lärchen- und Birkenbeständen nachvollziehen. Im »Schlusswald« aber

bilden die herrlichen Arven, gewissermaßen als Krönung der alpinen Vegetation, den größten Teil des Baumbestandes. Die »Villa Cassel« in der Riederfurka, die sich ein exzentrischer englischer Nabob zu Anfang dieses Jahrhunderts hatte bauen lassen, dient heute der Forschung und Information über Gesteine, Pflanzen und Tiere der Aletschregion. Dazu gehört auch eine instruktive ständige Ausstellung über »Das Leben auf dem Gletscher«.

Die letzten Kilometer bis Brig: Hinter Mörel zwängt sich der Glacier Express an steilen Felswänden entlang und an der Kapelle Hohflüh vorbei. Rechts auf halber Höhe ist das Dorf Bitsch zu sehen. Vor Naters befindet sich links der Eingang zum zwanzig Kilometer langen Simplon-Eisenbahntunnel, dessen Ausgang auf der Südseite bereits italienisch ist. Die wenig attraktiven Neubauten lassen vom Zug aus nicht erkennen, dass Naters keineswegs nur ein Industrievorort von Brig ist. Der schöne alte Ortskern um den Kirchplatz sowie das spätgotische Beinhaus wären durchaus einen Besuch wert.

Von Naters führt eine Straße zum Feriendorf Blatten hinauf. Dort geht es mit der Luftseilbahn weiter zur Belalp, die ihrer ganzen Anlage nach den Nachbarn Riederalp und Bettmeralp ähnlich, aber durch die Zunge des mächtigen Aletschgletschers von ihnen getrennt ist.

So wandlungsfähig ist der Glacier Express, dass er die Einfahrt nach Brig im Stil einer Straßenbahn bewältigt, ohne an Würde zu verlieren! Der Schmalspur-Bahnhof, gegenüber dem Bahnhof der Schweizerischen Bundesbahn gelegen, war einmal die Nahtstelle zwischen den »Hoheitsgebieten« der Furka-Oberalp-Bahn und der Brig-Visp-Zermatt-Bahn, die vor einigen Jahren fusioniert haben. So fahren wir weiter unter dem größeren Dach der Gotthard-Matterhorn-Bahn, die uns genauso sicher zum Ziel bringt wie ihre Vorgänger.

Der Aletschgletscher, größter Gletscher auf dem europäischen Kontinent, ist eine Touristenattraktion zu allen Jahreszeiten. Die Skiabfahrt vom Jungfraujoch ist ein »Muss« für standfeste Tourenskifahrer.

Der Stockalperpalast von Brig (1658 – 1678), Pracht- und Renommierbau eines genialen Geschäftsmannes.

Brig – die Stadt am Fuß des Simplon

Brig, mit 10 000 Einwohnern die kleine, aber unbestrittene Metropole des deutschsprachigen Wallis – die Sprachgrenze liegt etwa dreißig Kilometer rhoneabwärts vor Sierre/Sieders – ist im 13. Jahrhundert als Handelsplatz gegründet worden. Ein wichtiges Verkehrszentrum ist es durch all die Jahrhunderte bis zum heutigen Tag geblieben. Hier treffen die Züge der großen Nord-Süd-Transversale Lötschberg-Simplon mit den aus der Westschweiz kommenden Zügen zusammen, hier ist der große Autoverlad, hier ist der Übergang von den Schmalspurlinien zum Netz der SBB. Und hier beginnt auch die Autostraße über den Simplonpass, die die Stadt in einem großen Bogen umfährt.

Zweifellos ist der Simplonpass Geburtshelfer des Platzes Brig gewesen. Auch Pässe haben ja, bedingt durch politische und wirtschaftliche Entwicklungen, ihre Konjunkturzeiten. Im 13. Jahrhundert scheint der Simplon erstmals »in Mode« gekommen zu sein, was unter anderem dadurch dokumentiert wird, dass anno 1275 ein Papst ihm sein Vertrauen schenkte. Doch dann folgten unruhige Zeiten für das Wallis, Handel und Wandel lagen danieder – bis im 17. Jahrhundert eine neue Blütezeit kam. Sie war einem einzigen Mann zu verdanken: Kaspar Jodok Stockalper.

Stockalper (1609 – 1691), in Mailand geboren, im Wallis aufgewachsen, in französischen Diensten ausgezeichnet, war ein genialer Geschäftsmann, der es verstanden hatte, in ganz Europa einträgliche Beziehungen zu knüpfen. Er baute den Saumpfad über den Simplon zur Passstraße aus, brachte die lukrativsten Handelsmonopole von Frankreich und Italien an sich, beutete Gold- und andere Bergbauminen aus. Seinen Gewinn legte er in Grund und Boden an. »Nil solidum nisi solum« – Nur der Grundbesitz ist sicherer Besitz – steht am Eingang seines Palastes in Brig.

Dieser Palast war zwischen 1658 und 1678 entstanden und eine Sensation für seine Zeit. Er diente der Selbstdarstellung eines steinreichen und mächtigen Mannes, der aber auch Feste zu feiern verstand, fünf Sprachen beherrschte und im Lauf seines so taten- wie ereignisreichen Lebens eine wertvolle Bibliothek zusammengetragen hat. Der prächtige Arkadenhof im Stil der italienischen Renaissance lässt neben den repräsentativen die ökonomischen Funktionen erkennen: Hier wurden Waren gestapelt und umgeschlagen, die Maultierkolonnen für den Weg über den Pass ausgerüstet, wurde gehandelt und gerechnet.

Und doch verging der ganze Glanz wie ein Hauch im Wind. Stockalper, der »Fugger der Alpen«, der seine Stadt so wohlhabend gemacht hatte, dass sie sich den stolzen Titel »Briga dives« (die Reiche) zulegen konnte, geriet in politische Konflikte, wurde des Verrats angeklagt, zu ungeheuren Bußgeldern verurteilt und musste sich schließlich über »seinen« Simplon nach Domodossola retten. Er starb ohne legitimen Erben. Nur noch das alte Hospiz auf dem Pass und der nach ihm benannte Palast erinnern an seinen Ruhm, seine Leistung. Dieses

Arkadengesäumt – der Innenhof des Stockalperpalastes.

Bauwerk gilt als der schönste Barockpalast der Schweiz, ja im gesamten Alpenraum. Heute amtiert der Gemeindepräsident von Brig in ihm, und auch das Grundbuch der kleinen Stadt wird hier geführt. Nil solidum nisi solum!
Zur Passstraße über den Simplon bleibt noch nachzutragen: Der nächste Straßenbaumeister ist Napoleon Bonaparte gewesen, der 1797 Anweisung gab, eine so breite Straße anzulegen, dass auch Kanonen über den Pass transportiert werden konnten. Diese erste moderne Kunststraße, anno 1805 vollendet, hatte bis Domodossola eine Länge von 63 Kilometern und übertraf von Anfang an den weitaus älteren Großen Sankt Bernhard an Verkehrsfrequenz und Bedeutung. Nur: Napoleon und den Franzosen sollte sie nicht mehr viel nützen. Alle weiteren Kriege in Europa fanden fortan unter Umgehung der Schweiz statt!
Der Stockalperpalast mit seinen drei Türmen ist das dominierende Bauwerk in der historischen Altstadt von Brig, die schmale Gasse an seiner Ostseite der Beginn des alten Saumpfades über den Simplon. Hier stehen noch andere Patrizierhäuser aus der Blütezeit der Stadt im 17. Jahrhundert, an denen insbesondere die charakteristischen Treppentürmchen ins Auge fallen. Sie schützten die Treppenhäuser vor Kälte und Nässe, und um sie noch zusätzlich zu nutzen, hängte man in ihnen das Fleisch zum Trocknen auf. Aus der gleichen Zeit wie der Palast stammt die Kollegiumskirche Spiritus Sanctus der Jesuiten, ein Bau im römischen Barock, der nach einem Brand im Jahr 1778 allerdings klassizistisch renoviert worden ist.

Raclette ist die kräftig duftende Käsespezialität des Wallis.

Bindeglied zwischen dem kleinen, eher herb als lieblich wirkenden Altstadtquartier und dem neueren Brig ist der Sebastiansplatz. Von hier führt die Bahnhofstraße in entgegengesetzter Richtung zu den beiden Bahnhöfen, eine recht attraktive »Einkaufsmeile« und das urbane Zentrum der vorwiegend ländlichen Oberwalliser Welt.
Im westlichen Vorort Glis steht die Kirche Mariä Himmelfahrt, einst der größte Wallfahrtsort und ein geistlicher Sammelpunkt der Region. Sie geht auf eine Stiftung des burgundischen Bischofs von Sitten aus dem Jahr 615 zurück, die heute sichtbare Architektur des Bauwerks stammt aber im Wesentlichen aus der Zeit um 1650. Spätgotisch sind der Chor von 1539 mit massiven Strebepfeilern und Flamboyantmotiven an den Fenstern sowie die beiden Seitenkapellen und das turmartige Sakramentshäuschen von Ulrich Ruffiner. Der ursprünglich romanische Turm, während der Barockzeit verändert, ist im Jahre 1968, leider nicht sehr glücklich, »re-romanisiert« worden.

Essen und Trinken im Wallis

Raclette und Fondue bekommt man fast überall in der Schweiz. Doch zumindest das Raclette dürfte im Wallis, wahrscheinlich sogar im Goms »erfunden« worden sein. Raclette wird aus erstklassigem, ausgereiftem Gommer Käse zubereitet, den man mit der Schnittfläche so lange gegen ein offenes Holzfeuer (heute meistens ein Elektrogerät) hält, bis die Oberfläche zu schmelzen beginnt. Dann wird der zähflüssige Käse mit einem Schaber schwungvoll auf den heißen Teller gestreift und, zusammen mit kleinen Pellkartoffeln, Perlzwiebeln und Gewürzgürkchen, sofort gegessen. Ein Raclette-Essen ist eine ausgesprochen gesellige Angelegenheit, weil man Zeit hat, sich zu unterhalten, während man auf die nächste Portion wartet. Dazu trinkt man meistens den landeseigenen Wein, den weißen, frischen Fendant, und zwischendurch vielleicht auch einmal einen »Träsch«, den Walliser Obstschnaps, der gut für die Verdauung ist.

Eine fast ebenso beliebte Walliser Spezialität ist das luftgetrocknete Rindfleisch, das hauchdünn geschnittene Walliser Trockenfleisch. Die Methoden, nach denen es zubereitet wird, gehören zu den streng gehüteten Geheimnissen, die von Generation zu Generation weitergegeben werden. Man kann das Trockenfleisch »pur«, aber auch zu kleinen Stückchen mit Butter bestrichenen Roggenbrotes essen. Auf alle Fälle gehört Rotwein aus dem Wallis dazu, entweder der kraftvolle Dôle oder der leichtere Goron. Die Walser haben ihr Rezept mitgenommen, als sie nach Graubünden auswanderten – erst von dort aus ist es später als Bündner Fleisch berühmt geworden.

Eine andere Weinspezialität aus dem Wallis ist so selten, dass Sie schon eine gute Portion Glück und Findigkeit mitbringen müssen, um ihrer teilhaftig zu werden. Es ist der »Heidenwein«, dessen Trauben in den höchstgelegenen Weinbergen Europas reifen. Diese gehören zum Dorf Visperterminen oberhalb von Visp und reichen bis in 1200 Meter Höhe.

Die Walliser Küche bietet, wie die in Bünden, eine bäuerliche, deftige Kost. In den Gasthäusern und Restaurants, die vorwiegend vom Tourismus leben, wird sie – von den immer wieder verlangten »Dauerbrennern« Raclette und Trockenfleisch abgesehen – kaum mehr angeboten. Eine Ausnahme macht das bereits erwähnte Hotel Croix d'Or et Poste in Münster. Dessen Wirtsleute bemühen sich, traditionelle Walliser Rezepte in einer Art und Weise zuzubereiten, dass auch ein ungeübter Magen sie verträgt. Zum Beispiel:

Saaser Suppe – Schaffleischbrühe mit Brot und Käse; Gsottus – Eintopf mit verschiedenen Fleischarten, Kohl und Rüben; »Si« (Süßspeise der Weinbauern) – Roggenbrot mit Rotwein aufgekocht, dazu Hollundersirup.

Anhand dieser Speisekarte muss man aber nicht unbedingt seine kulinarische Belastbarkeit erproben. Traditionelle Walliser Gastlichkeit kann man hier auch in Gestalt bekömmlicherer Gerichte genießen. Das gilt in gleicher Weise für die Grünwaldstube im Schlosskeller zu Brig, Nähe Stockalperpalast; die Schäferstube in Saas-Fee; das Gasthaus Dre' Tannen in Niederwald; das Bahnhofsbuffet (!) in Zermatt.

Empfehlenswerte Restaurants mit sehr guter internationaler, teilweise Neuer Küche:

Restaurant zur Mühle in Ried oberhalb von Brig; Restaurant Zum See in Zermatt; Romantikhotel Julen in Zermatt; Hostellerie Tenne in Zermatt, beim Bahnhof; Waldhotel Fletschhorn in Saas-Fee; Restaurant Hohnegg in Saas-Fee.

Letzte Etappe: Das Vispertal

Der kleine Schmalspurbahnhof von Brig ist ein Kopfbahnhof. Wir sitzen jetzt also umgekehrt zur bisherigen Fahrtrichtung auf den Plätzen. Doch der Glacier Express fährt weiter westwärts, rhoneabwärts. Rechts begleiten uns die Gleise der Simplonlinie Paris – Lausanne – Mailand. Dahinter können wir die Trasse der Lötschbergbahn nach Bern den Nordhang des Rhonetals hinaufziehen sehen. Sie wird sich bald nach Norden wenden und bei Goppenstein in einem Tunnel verschwinden, der den Hauptkamm der Berner Alpen unterfährt und bei Kandersteg im Berner Oberland wieder ans Tageslicht kommt.

Visp ist zwar ein Industrieort, verfügt aber über eine malerische Altstadt.

Visp ist einer der wichtigsten Industriestandorte im Rhonetal – und so zeigt es sich uns auch vom Zug aus. Kaum mag man glauben, dass es eine bezaubernde kleine Altstadt besitzt, in der man die Vergangenheit mit den Händen greifen zu können meint. Entstanden ist Visp als Marktort und Umschlagplatz für den Handel über den Monte-Moro- und den Antronapass. Doch nichts gegen die Industrie im Rhonetal! Sie bietet den Bewohnern der Bergdörfer in der Umgebung attraktive Arbeitsplätze und leistet damit einen wichtigen Beitrag gegen die Abwanderung aus den Tälern, die der Tourismus noch nicht erreicht hat oder auch nie erreichen wird.

Wir verlassen das Rhonetal und biegen hinter Visp in die schmale Talfurche der Visper ein. Links sehen wir Weinstöcke – für uns die ersten und letzten im Wallis. Stufe um Stufe klettern sie die steilen Hänge hinan, bis sie unseren Blicken entschwinden. Doch es geht noch weiter: Ganz oben, zwischen 1000 und 1200 Metern, breitet sich auf einer sonnigen Naturterrasse das Dorf Visperterminen aus, zu dem die höchsten Weinlagen Europas gehören (siehe Seite 99).

Wir aber bleiben brav im Tal, passieren bei Ackersand eine große Kraftwerkszentrale, hören das Zahnrad einrasten und gewinnen mit dem Glacier Express die Höhe von Stalden. Unter uns vereinigen sich hier die Wasser der Matter und der Saaser Vispa.

Kleine Exkursion nach Saas-Fee

Visperterminen liegt zwischen den höchsten Weinbergen Europas. Der hier gekelterte »Heidenwein« ist ein echte Rarität!

Der Name »Saaser Vispa« weist auf die Herkunft hin: Eine in den vergangenen Jahren ständig verbesserte Autostraße führt ins Saaser Tal hinein, passiert die Siedlungen Saas-Balen (mit einer eigenwilligen, fast byzantinisch wirkenden Barockkirche) und Saas-Grund und gewinnt schließlich mit einigen entschlossenen Serpentinen das Hochplateau von Saas-Fee. Wer hier unvorbereitet ankommt, wird nachempfinden können, was der Dichter Carl Zuckmayer nach seinem ersten Besuch in dem Dorf aufgeschrieben hat:

»... am Ende der Welt und zugleich an ihrem Ursprung, an ihrem Anbeginn und in ihrer Mitte. Gewaltiger silberner Rahmen, im Halbrund geschlossen, nach Süden von Schneegipfeln in einer Anordnung von unerklärlicher Harmonie, nach Westen von einer Kette gotischer Kathedraltürme. Zuerst kann man da nur hinaufschauen, es verschlägt einem den Atem. Dann sieht man vor sich den Ort Saas-Fee ... «

Saas-Fee (1800 m) hat immer hinter Zermatt zurückstehen müssen: Nicht so alt (als Fremdenverkehrsort), nicht so groß, nicht so prominent – und auch kein Matterhorn; einen Berg von vergleichbarer Attraktivität gibt es in den Alpen eben nicht! Eines aber hat Saas-Fee, was ihm weder Zermatt noch sonst irgend-

Bergtouren und Wanderungen um Zermatt haben oft das Matterhorn im Blick.

ein Konkurrent streitig machen kann: seine einzigartige Gletscher-Arena! Das wird jeder bestätigen, der auch nur einmal in seinem Hotelbett aufgewacht ist und die Eisströme, von der Morgensonne rosenfarbig übergossen, fast ins Dorf hinein hat stürzen sehen.

Ins Dorf? Das ist Saas-Fee natürlich nicht mehr, obgleich es gern als »Gletscherdorf« kokettiert. Eine so grandiose alpine Szenerie, zu der allein vierzehn Viertausender ihren imposanten Beitrag leisten, kann kein touristischer Geheimtipp bleiben. So bietet Saas-Fee heute als Sommerkurort und Wintersportplatz eine hoch entwickelte Infrastruktur: Sportanlagen, Wanderwege, Unterhaltungsstätten, Hotels aller Kategorien und vielerlei Restaurants, darunter allein drei, die ich einer besonderen Empfehlung wert halte (siehe Seite 99).

Den Löwenanteil am Erfolg von Saas-Fee stellt aber die Natur: ein kaum auszuschöpfendes Revier für Bergwanderer, für Fels- und Eiskletterer im Sommer und Herbst, ein hinreißendes Skigebiet im Winter und Frühjahr, das durch den Bau der Tunnelbahn »Metro Alpin« bis auf 3500 Meter Höhe ausgedehnt und damit auch als Sommerskigebiet interessant geworden ist.

Trotzdem halten die Einheimischen am Überlieferten fest, soweit sich das mit ihrem normalen Erwerbssinn vereinbaren lässt. Die Atmosphäre im Ort ist noch nicht sterilisiert, sondern ganz speziell für diesen so lange Zeit abgeschiedenen Winkel im hintersten Wallis.

Dazu passt recht gut, dass man hier die Phase des Tourismus kühn übersprungen hat, in der man dem Moloch des motorisierten Verkehrs alles opfern zu müssen meinte. Mancher idyllische Winkel, mancher uraltehrwürdige Stadel auf seinen charakteristischen Granitplattenpfosten verdankt sein Nochdasein allein dem Umstand, dass alle Autos vor dem Ort bleiben müssen.
Zurück nach Stalden. Die kleine Luftseilbahn neben der Station führt nach Staldenried und Gspon, an deren Sonnenhängen auch noch ein paar Rebstöcke wachsen. Das Tal wird nun wieder ganz eng und schaurig tief. Man versteht, dass Zermatt über viele Jahrhunderte hinweg vom Rhonetal aus nicht zugänglich schien, weshalb die ersten »Fremden« ja auch über den Theodulpass gekommen sind. Der Glacier Express rattert über den 43 Meter hohen Mühlebachviadukt, durchfährt sechs Tunnels und passiert die winzige Station Kalpetran. Der nächste Ort heißt Sankt Niklaus und signalisiert uns, dass Zermatt nicht mehr weit sein kann: Hotels, Appartementblocks und Busparkplätze beginnen sich breitzumachen. Von hier aus führt eine Straße zum hoch über dem Tal gelegenen Ferienort Grächen. Sankt Niklaus und sein Nachbardorf Randa sind unzählige Male in ihrer Geschichte von Lawinen oder auch Eisstürzen, teilweise oder ganz, zerstört worden. Es ist bewundernswert, dass die Bewohner dieser Dörfer im

St. Niklaus im Mattertal, eines der letzten Dörfer vor der Endstation des Glacier Express.

Die Panoramawagen machen ihrem Namen wohl Ehre (oben). Bei Neubruch passiert der Zug eine alte Römerbrücke (unten).

Kampf gegen die unbezwingbaren Naturgewalten nicht resigniert, sondern sich immer wieder aufs Neue in ihrer exponierten Situation eingerichtet haben. Doch was hätten sie anderes tun sollen? Sie waren zum Ausharren verurteilt!

Randa ist Talort für eine Reihe von großen und schwierigen Bergfahrten. Von hier aus steigt man auf zu den Gipfeln der Mischabelgruppe im Osten (Dom, 4545 m) wie zum Weishorn (4505 m) im Westen, das viele Alpinisten für den schönsten und interessantesten Berg des Wallis halten. Wenn Sie rechts hinausschauen, können Sie die Eismassen des Bisgletschers sehen, die Randa im Jahr 1819 schon einmal fast völlig zerstört haben.

Täsch ist Endstation für alle Autofahrer – die Parkplätze sind nicht zu übersehen –, die hier in die Pendelzüge nach Zermatt umsteigen müssen. Das jetzige Dorf ist vermutlich die dritte Ansiedlung. Zwei ältere Dörfer an anderer Stelle sollen verschüttet worden sein.

Nun ist es gleich so weit. Sie merken es schon: Eine ansteckende Aufbruchstimmung greift im Zug um sich! In wenigen Minuten fährt der Glacier Express in den Bahnhof Zermatt ein ...

Zermatt und der Berg der Berge

Das Dorf Randa im Mattertal.

Nach der Fahrt durch das lange und enge Vispertal werden Sie sich nicht wundern zu erfahren, dass die Walliser Alpen rund um das Matterhorn verhältnismäßig spät »entdeckt« worden sind. Der Montblanc war längst erstiegen, der Besuch der Gletscherwelt von Grindelwald gehörte zumindest bei den Briten zum Muss einer Schweizer Reise, als von Zermatt noch lange nicht die Rede war. Aber Chamonix wie Interlaken/Grindelwald lagen auch offener da. Wer dagegen durch das Rhonetal reiste, der konnte kaum ahnen, dass die unzugänglichen Schluchten der Seitentäler ein grandioses Geheimnis bargen.

Die ersten Reisenden, die bis nach Zermatt vordrangen, kamen auf miserablen Saumpfaden und zu Fuß, zum Teil sogar über den 3317 Meter hohen Theodulpass, aus dem Aostatal also. Der Passübergang dürfte immer noch weniger beschwerlich gewesen sein als der Zugang aus dem Wallis. Von den Bewohnern wurden diese frühen Touristen gar nicht freundlich empfangen. Man hielt sie für Räuber und Schafdiebe. Der Genfer Gelehrte Horace-Bénédict de Saussure notierte gegen Ende des 18. Jahrhunderts über die Einheimischen:

»Ihr größter Fehler ist das Fehlen jeder Gastfreundschaft. Es liegt ihnen nicht nur nichts daran, die Fremden zu beherbergen, sie gehen ihnen auch überall, wo sie können, aus dem Weg, und wenn sie ihnen doch begegnen, so geschieht es mit einem Ausdruck von Furcht und Abneigung.«

Wie die Zeiten sich geändert haben!

Exkurs: Der Bergsturz von Randa

Kurz vor Zermatt fährt unser Zug an den riesigen Geröllkegeln der Bergstürze vorbei, die im Frühjahr 1991 auf das enge Tal niedergingen. Fast zehn Millionen Kubikmeter Geröll begruben 24 Gebäude, die Bahnlinie und die Straße unter sich; Menschen kamen wundersamerweise nicht zu Schaden. Bahnlinie und Autostraße mussten außerhalb der Gefahrenzone neu angelegt werden.

Auf dem Gipfel des Matterhorns liegt einem die Welt zu Füßen. Das glauben zumindest die erfolgreichen Gipfelstürmer nach dem langen, anstrengenden Aufstieg.

Der alpine Wettlauf

Die ersten Engländer – auch hier also die Ersten! – waren im Jahr 1800 nach Zermatt gekommen. Aber erst 1839 gab es ein Gasthaus im Ort; bis dahin hatten die Touristen beim Pfarrer unterschlüpfen müssen. Zermatts goldenes Zeitalter begann, als es anno 1855 zum Gründungsort des britischen »Alpine Club« wurde. Ab 1860 spitzte sich der vielfach beschriebene, mehrfach verfilmte »Kampf ums Matterhorn« zu. Die einzigartige Dramatik dieses Kampfes, die uns noch heute nicht unberührt lässt, sollte sich aus der Rivalität zweier ehrgeiziger Männer entwickeln und ihre Steigerung durch eine abschließende Katastrophe erfahren.

Konkurrenten am Berg waren der Engländer Edward Whymper und der Italiener Jean-Antoine Carrel aus Breuil-Cervinia jenseits der Grenze. Es kam zu einem atemberaubenden Wettlauf, der übrigens von niemandem besser beschrieben worden ist als von Whymper selbst, und zum Erfolg des Engländers, der am 14. Juli 1865 mit sechs Gefährten als Erster auf dem Gipfel des umkämpften Berges stand. Carrel, der von der italienischen Seite her aufstieg, musste den Jubel der Sieger vom Gipfel herab hören und kehrte, seelisch völlig vernichtet, um. Er blieb für den Rest seines Lebens ein Geschlagener. Doch auch den »Siegern« forderte das bezwungene Matterhorn noch schwere Opfer ab: Wenige Stunden nach dem Triumph stürzten beim Abstieg der bekannte Bergführer Michel Croz und die drei englischen Gefährten von Whymper in den Tod!

Seither weiß die Welt, dass es ein Matterhorn gibt und was für ein gewaltiger, Furcht erregender Berg das ist. Seither haben Fantasie, Abenteuerdrang und Sensationsgier den Berg nicht mehr zur Ruhe kommen lassen. Nach der Überwindung des Schocks, den die Whymper-Katastrophe ausgelöst hatte, begann seine Anziehungskraft nur umso stärker zu wirken. Die ersten Hochtouristen wiederholten die Besteigung mit Führern aus Zermatt, und bald schon hatte der Berg seinen festen Tarif. Später Geborene mussten sich neue und immer ausgefallenere Routen einfallen lassen, um noch alpinen Ruhm ernten zu können. Insgesamt 35 verschiedene Anstiegsrouten sind mittlerweile bekannt. Es kam zu den ersten Alleinbegehungen, Winterbegehungen, Damenbegehungen, Winteralleinbegehungen und so weiter. Längst ist das Matterhorn auch zum Opfer ganz banaler Rekordsucht geworden: In dreieinviertel Stunden ist ein Amerikaner nach intensiven Trainingsvorbereitungen die Strecke von der Hörnlihütte zum Gipfel und zurück gerannt!

Kein Zweifel: Lange Zeit lebte Zermatt vom Matterhorn! Etwa dreieinhalbtausend Personen im Jahr versu-

Gruppenfotos mit Matterhorn lässt sich kein Besucher aus Fernost entgehen. Die Europäer schauen gerne zu (oben).

Kirchplatz in Zermatt (unten).

chen sich am Berg der Berge. Aber kaum die Hälfte erreicht den Gipfel. Sie scheitern nicht an technischen Schwierigkeiten, die nach heutigen Maßstäben auf der Normalroute als mäßig eingestuft werden, sondern am Wetter, das hier immer mitspielt. Vierhundert Menschenleben hat das Matterhorn schon gefordert. Aber bei den meisten war Leichtsinn die Todesursache. Und natürlich lässt sich niemand von dieser Zahl abschrecken. Eher vielleicht von dem Andrang, mit dem man in bestimmten Schönwetterperioden rechnen muss. Dann heißt es an den Schlüsselstellen des Hörnligrates anstehen, bis die vorhergehenden Seilschaften durch sind. Gelegentlich dringen auch schon Klagen über Umweltverschmutzung und Abfallprobleme an die Außenwelt.

Das Schlimmste aber ist dem Matterhorn bisher erspart geblieben: Weder das erste Bergbahnprojekt, das Schweizer Ingenieure bereits in den Neunzigerjahren zu Papier gebracht hatten, konnte und durfte verwirklicht werden, noch der italienische

Tiefblick vom Gornergrat auf den Gornergletscher (oben).

Berge und Höhen rings um Zermatt sind mit Seilbahnen und anderen Aufstiegshilfen üppig erschlossen. Hier die Gondel auf das Kleine Matterhorn (unten).

Die auf 3089 m errichtete Gornergrat-Bergstation wird noch vom Observatorium und Berghotel überragt.

Plan der Fünfzigerjahre, von Süden her eine Seilbahn auf den Gipfel zu ziehen. Als Ersatzlösung haben die Zermatter sich mit einer Seilbahn auf das Kleine Matterhorn (3884 m) am Breithornplateau zufriedengegeben – eine technisch imponierende Leistung und immerhin die »höchste Seilbahn der Welt«.

An Auftrieb und Aktivität fehlt es ihnen also nicht. Nachdem sie ihre anfänglichen, bereits geschilderten Probleme mit den »Fremden« überwunden hatten, begannen sie schnell umzulernen. Die ersten Lektionen über den Fremdenverkehr hat ihnen allerdings ein Auswärtiger beigebracht: Alexander Seiler aus Blitzingen im Goms.

Viele Jahrzehnte lang ist die Seiler-Dynastie Motor der touristischen Entwicklung im Ort gewesen, und zum Teil ist sie es heute noch. Obgleich von den alteingesessenen »Burgern« der Gemeinde nur widerstrebend anerkannt, sind sie es gewesen, die den ersten Höhenstützpunkt – Hotel Riffelalp (1884 m) – errichtet, den Bau der Brig-Visp-Zermatt-Bahn (1891 eröffnet) gefördert und deren Verlängerung als Zahnradbahn zum Gornergrat (1898) durchgesetzt haben. Damit hatte sich Zermatt vom Monopol des Matterhorns befreit. Diejenigen, die nur kommen, um den »Berg der Berge« zu bezwingen, sind schon lange in der Minderheit. Die meisten erfreuen sich an der eindrucksvollen Kulisse, die er ihnen bietet, im Sommer wie im Winter. Die Ausblicke von den Bergstationen

Das Matterhorn im ersten Morgenlicht.

Gornergrat, Stockhorn, Klein-Matterhorn und Schwarzsee sind mit Recht weltberühmt. Denn da ist ja auch das gewaltige Monte-Rosa-Massiv mit der Dufourspitze (4634 m), dem höchsten Punkt der Schweiz, und fünf anderen Gipfeln. Da ist das Breithorn, der wohl am leichtesten zugängliche Viertausender in den Alpen, da sind die allesamt interessant geformten Spitzen auf der Westseite: der Dent d'Hérens, der Dent Blanche, das Zinalrothorn und insbesondere das stolze Weißhorn (4505 m), eine wahre Herausforderung für jeden anspruchsvollen Westalpengeher.

Gletscher haben das Tal geformt

Und die Gletscher natürlich – wie könnten wir, die wir mit dem Glacier Express gekommen sind, sie vergessen? Der Zermatter Talkessel ist maßgeblich von ihnen geprägt und geformt worden. Der Gornergletscher im Bereich des Monte Rosa ist im Grunde nur ein Name. Tatsächlich fließen hier zwölf verschiedene Eisströme zusammen und trennen sich wieder, ein Bild, das anzuschauen man nicht müde wird. Mit insgesamt etwa siebzig Quadratkilometern ist er, nach dem Aletschgletscher, der zweitgrößte Gletscher der Alpen. Der Findelngletscher lässt sich am besten vom Stockhorn aus betrachten. Seine immer noch extrem lange Zunge reichte im 19. Jahrhundert bis nach Findeln herunter. Schließlich der Zmuttgletscher vor dem Matterhorn, der sich allerdings nur dem ganz offenbart, der sich zu Fuß auf die Schönbielhütte bemüht.

Damit sind wir bei einem Thema, das mir am Herzen liegt und das ich auch Ihnen ans Herz legen möchte: Das Netz der Bergbahnen, die den Kessel von Zermatt erschließen, ist perfekt. Bequemer kann einem der Eintritt in die fantastische hochalpine Szenerie nicht gemacht werden. Nutzen Sie es – aber vergessen Sie nicht, dass Sie auch Füße zum Laufen haben! Die Umgebung bietet Bergwanderern, geübten wie ungeübten, und gemütlichen Spaziergängern eine Fülle von Möglichkeiten, sich in der Bergwelt zu bewegen und das zu genießen, was man nur auf Schusters Rappen erleben kann. Die Wege vom Schwarzsee zum Hörnli und abwärts über die Staffelalp, vom Schwarzsee zum Furgtal und weiter zum Trockenen Steg, vom Rotenboden über den Gornergletscher zur Monte-Rosa-Hütte sind nur einige unter den vielen, durch Aufstiegshilfen erleichterten oder verkürzten Tagestouren.

Wer noch weniger hoch hinaus will, dem empfehle ich die gemütliche Wanderung zur Findelnalp. Aus dem engen Talkessel heraus erreicht man in etwa 2150 Meter Höhe ein vom Findelngletscher ausgehobeltes Seitental, von dem aus sich ein wunderbarer Rundblick bietet. Neben der stark zurückgegangenen, zerspaltenen Zunge des Findelngletschers sieht man zwischen Felswänden und malerischen Seen Lärchen und Arven wachsen. Dank des milden Höhenklimas

Die Bergstation Sunnegga liefert Postkartenblicke aufs Matterhorn.

gedeiht im oberen Mattertal noch eine relativ üppige Vegetation; die obere Waldgrenze steigt sogar auf 2100, äußerstenfalls bis auf 2300 Meter an. Auch die weiteren Vegetationszonen sind nach oben verschoben.

Aber im Winter ist wieder alles ganz anders. Da erweitern und verdichten leistungsstarke Lifte das Netz der Bergbahnen und erschließen den Skifahrern Pisten in unvergleichlicher Vielfalt. Zum eigentlichen Zermatter Skigebiet kommt dann noch das von Breuil-Cervinia auf der italienischen Seite, das man über das Plateau Rosa erreicht. Vielen Skifahrern gilt Zermatt nach wie vor als das Nonplusultra aller alpinen Skizentren. Lange Zeit hatte es den Ruf, nur den Könnern vorbehalten zu sein. Inzwischen sind zahlreiche Abfahrten für Anfänger erschlossen und planiert worden. Auch das Ganzjahresskigelände am Plateau Rosa ist einfach zu fahren. Doch immer noch wird Zermatt gerade im Winter von einem sportlich anspruchsvollen Publikum bevorzugt. Hochalpiner Charakter, große Höhenunterschiede und Schwierigkeiten auf einigen Abfahrten faszinieren die Leistungsbewussten unter den Skifahrern.

Auf dem spektakulären Europaweg von Zermatt nach Grächen ist nicht nur das Matterhorn zu sehen.

Die Zermatter hören es gern, wenn man von ihrem »Bergdorf« spricht. Aber ein Dorf, mit Verlaub, ist Zermatt schon seit den Zeiten nicht mehr, als die Seilers ihre großen Hotels in den Ort gestellt haben. Das wäre auch zu viel verlangt von

einem touristischen Zentrum mit Magnetwirkung und 14 000 Gästebetten für Sommer- und Winterbetrieb. Die hoch entwickelte Infrastruktur, die Zermatt seinen Besuchern bietet, kann nicht hinter nostalgischen Fassaden von Walliser Bergbauernhöfen versteckt werden. So muss man eben hinnehmen, dass zum Beispiel die Bahnhofstraße an ein großstädtisches Einkaufszentrum erinnert, auch wenn gelegentlich einmal eine dekorative Ziegenherde an Juwelieren und Fotogeschäften vorbei durch die Straße getrieben wird.

Zermatt – die Touristenhochburg bemüht sich mit unterschiedlichem Erfolg, Tradition und Atmosphäre eines Berg(steiger)-dorfes am Leben zu erhalten.

Umso erfreulicher, dass dennoch einiges aus der Vergangenheit erhalten geblieben ist, sogar noch ein paar bäuerliche Betriebe überlebt haben. Mittlerweile hat die Gemeinde ein strenges Baureglement erlassen, das die Relikte bäuerlichen Lebens retten soll, wie etwa die schlichten Walliser Stadel auf ihren Pfählen. Gegenwärtiger aber bleibt die jüngere Vergangenheit des Ortes, die von der heroischen Frühzeit des Alpinismus geprägt worden ist. Wer Näheres über diese Epoche erfahren will, darf weder den Besuch im Alpinen Museum noch den auf dem Friedhof versäumen, auf dem die Opfer der Berge begraben liegen. Pickel und Seil schmücken die Gräber, und einfache Inschriften erzählen die sich von Mal zu Mal wiederholende Geschichte von gescheiterten Träumen:

»To the memory of an unknown climber found on the Matterhorn, July 17th 1948 ...«

(Zum Gedenken an einen unbekannten Bergsteiger, der am 17. Juli 1948 am Matterhorn geborgen wurde ...)

Matterhornblick vom Hotelbett – was will man mehr?

Schlafen und Essen in Zermatt

Das Grandhotel Zermatterhof und das Mont Cervin, beide durchtränkt von Tradition und schweizerischem Elitebewusstsein, sind die beiden Flaggschiffe der Zermatter Hotellerie. Man muss sie deshalb nicht lieben. Ich ziehe zum Beispiel Vier-Sterne-Häuser vor, wie das Monte Rosa, das seine britisch-alpinistische Tradition pflegt, das Schönegg wegen seiner aussichtsreichen Lage gegenüber dem Matterhorn, und in der Kategorie darunter die soliden Hotels Julen oder Pollux.

Die abendliche Sause wird in Zermatt weniger gepflegt als in St. Moritz, zum Cocktail und zum Essen bleibt man meist in den Hotels. Zwei Tipps also nur für Leute, denen das zu langweilig ist: Der Findlerhof von Franz und Heidi und Zum See bei Max und Gretli: beide außerhalb gelegen, mit prächtigem Panoramablick und einer überdurchschnittlichen Küche, die vom anspruchsvollen Gourmetführer Gault-Millau zeitweilig mit einer Haube ausgezeichnet wird.

Sehenswürdigkeiten in Zermatt

Alpines Museum: Für alle, die an der Geschichte des Alpinismus und des Bergsteiger-Mekkas Zermatt interessiert sind.

Anglikanische Kirche: Sie wurde 1871 vom Britischen Alpenclub erbaut zum Gedenken an die tödlich abgestürzten Erstbesteiger des Matterhorns und ist ein Zeuge der starken britischen Verbundenheit mit Zermatt.

Gornergratbahn: Die Fahrt mit der 1898 erbauten Zahnradbahn auf den 3089 m hohen Gornergrat (40 Min.) ist praktisch Abschluss und Höhepunkt einer Fahrt mit dem Glacier Express von St. Moritz nach Zermatt. Von der Bergstation des felsigen Höhenrückens aus, der steil zum Eisstrom des Gornergletschers abfällt, blickt man auf ein einzigartiges Panorama der Bergwelt um Zermatt mit Monte Rosa, Matterhorn, Dom und Weißhorn und vielen anderen 4000er-Gipfeln.

Zum „Kleinen Matterhorn" (3884 m): Die Fahrt mit der »höchsten Seilschwebebahn der Welt« in die eisige Region des Plateau Rosa – Bergstation 3820 m – vermittelt ebenfalls exzeptionelle hochalpine Landschaftsbilder. Im Winter ist hier das Zentrum eines riesigen Skigebietes, das grenzüberschreitend nach Italien hineinreicht; auch Sommerskilauf ist möglich.

Alle Informationen: Zermatt Tourismus, Bahnhofplatz 5,
CH-3920 Zermatt; Tel. 0041-27-966 8100.
www. zermatt.ch

Bild gegenüberliegende Seite: Murmeltierbrunnen in Zermatt.

ZERMATTERHOF

Register

Die Fenster lassen sich nur in den konventionellen Waggons öffnen, nicht in den Panoramawagen.

In jedem Glacier-Express-Zug gibt es einen nostalgischen Speisewagen.

Der Höhepunkt eines jeden Menüs im Glacier Express – das treffsichere Eingießen des Grappa.

Summary

We begin our journey with the Glacier-Express at St. Moritz, "the most famous village in the world", well-known on account of its great winter sport tradition which is second to none in the Alps. But it is also attractive at other times of the year, since the Upper Engadine with its mountains, lakes and forests offers a wide variety of activities, sports and entertainments. Pontresina is the meeting-place for mountaineers who climb up into the white glacier world of Bernina. Sils Maria is the name of a village on Lake Silser with beautiful Engadine-style houses, and one can go up to the Muottas Muragl with a funicular railway for a magnificent view of the Upper Engadine valley.

The Glacier-Express leaves the Upper Engadine near Bever and goes through the Albula tunnel into the impressive Albula valley, which forced the constructors of the railway to seek interesting technical solutions: viaducts and curved tunnels follow one another in quick succession. Bergün is an attractive village in beautiful surroundings, well-suited for a holiday in the fresh mountain air. After Filisur the train crosses the famous Landwasser Viaduct, one of the most photographed constructions on the route.

After this the Glacier-Express travels along the top of the rugged Schyn gorge to reach Thusis, where the legendary Via Mala squeezes its way through the even wilder Hinter Rhine gorge. Then comes the Domleschg valley, marked by its many castles and castle ruins. From Reichenau-Tamins, where Hinter Rhine and Vorder Rhine meet, the Glacier-Express now travels in reverse direction.

Here you can take a trip to Chur, the capital of the Canton of Grisons, a place with a long and interesting history. Its churches and burgher houses are well worth a visit.

From Reichenau-Tamins the journey continues along the Vorder Rhine, through the unique Rhine gorge, past Ilanz and Truns to Disentis, where there is a vast monastery with a long and turbulent history. After leaving Disentis, the track climbs steeply to the Oberalp Pass (2033 m) below the source of the Rhine at Lake Toma, where the Canton of Uri begins.

Soon afterwards one can look down to Andermatt at the foot of the Gemsstock. Here the old Gotthard road leading from the Lake of Lucerne to the Canton of Ticino crosses our route. Three hundred metres below Andermatt, the new Gotthard road and the railway bore their way through the mountains. Near Realp the train goes into the Furka tunnel and emerges at the other end in the Rhone valley in the Canton of Valais.

Now the Glacier-Express follows the river Rhone, passing through the quiet Goms valley with its unspoiled villages and old wooden houses weathered by the sun. Münster is the main centre. Then the train descends along two terraces and soon reaches the town of Brig, the centre of the German-speaking area of Upper Valais, where the road branches off to the Simplon Pass. The most famous building in Brig is the magnificent Stockalper Palace.

The last stage of the journey begins in reverse direction again. The Glacier-Express leaves the valley of the Rhone and travels up the Visp valley which was long considered impassable. After Stalden where the road branches off to Saas-Fee, we pass several mountain villages which are continually being destroyed by avalanches and landslides, and at last reach Zermatt, the terminal of our journey, which owes its fame to the Matterhorn, but in addition to hiking, rock-climbing, mountaineering and skiing also offers numerous other possibilities.

Sommaire

Sankt Moritz, «le village le plus célèbre du monde», est le point de départ de notre voyage avec le Glacier-Express. Il doit sa célébrité à sa grande tradition de station de sports d'hiver sans égale dans toutes les Alpes. Cependant, le séjour y est également agréable en toute saison. En effet, la région de l'Oberengadin, avec ses lacs, ses forêts et ses montagnes, offre d'innombrables possibilités de détente, de distraction et de s'adonner à des activités sportives.
C'est à Pontresina que les alpinistes se recontrent avant de partir à la conquête des glaciers de la Bernina. A Sils Maria, un village sur les bords du Silser See, on peut admirer de belles maisons dans le style de la région de l'Engadine. Et on y fait l'ascension du Muottas Muragl, en funiculaire à câble fixe, pour admirer le merveilleux panorama de l'Oberengadin.
Près de Bever, le Glacier-Express quitte l'Oberengadin et, empruntant le tunnel de l'Albula, entre dans l'impressionnante vallée de l'Albula, qui a obligé les constructeurs de la ligne de chemin de fer à chercher des solutions techniques intéressantes. Viaducs et tunnels de rebroussement s'y succèdent rapidement. Bergün est un joli village situé dans un beau cadre invitant à un séjour de détente dans des montagnes au climat agréable. Après Filisur, le train emprunte le célèbre viaduc de Landwasser, l'un des ouvrages les plus souvent photographiés sur ce trajet. Avant Tiefencastel, le Glacier-Express passe au-dessus de la Schynschlucht, des gorges sauvages, et atteint Thusis où la légendaire Via Mala s'enfonce dans les gorges encore plus sauvages du Rhin postérieur. Le train traverse ensuite le Domleschg caractéristique pour ses innombrables châteaux-forts et ses ruines de châteaux. A Reichenau-Tamins, là où se réunissent le Rhin postérieur et le Rhin antérieur, le Glacier-Express repart en direction inverse. De cette localité, vous pouvez faire une excursion à Chur, capitale du canton de Graubünden. Chur est une localité au long et glorieux passé dont témoignent des églises et maisons bourgeoises intéressantes.
Après Reichenau-Tamins, le voyage continue le long du Rhin antérieur, à travers les admirables gorges du Rhin, par Ilanz et Truns, en direction de Disentis dont le puissant monastère a connu une longue histoire tourmentée. Après Disentis, la ligne ferroviaire s'élève continuellement pour atteindre le col de l'Oberalp, au-dessous des sources du Rhin et du lac Thoma, à 2035 m d'altitude, là où commence le canton d'Uri.
Peu après, on aperçoit, très bas, Andermatt au pied du Gemsstock. C'est alors que l'on croise l'ancienne route du Gotthard qui va du Vierwaldstätter See au Tessin. A trois cents mètres au-dessous d'Andermatt, la ligne ferroviaire et la nouvelle route du Gotthard s'enfoncent dans la montagne. Près de Realp, nous entrons dans le tunnel de Furka à la sortie duquel nous nous retrouvons dans le canton du Wallis et dans la vallée du Rhône.
Le Glacier-Express suit maintenant le cours du Rhône, traverse les régions tranquilles du Goms avec ses villages traditionnels et ses vieilles maisons de bois cuites par le soleil. Münster en est la capitale. Après avoir dévalé deux gradins de terrain, le train arrive bientôt à Brig, une ville qui est le centre de l'Oberwallis de langue allemande et où la route prend la direction du Simplon. Le monument le plus célèbre de Brig est le somptueux Stockalperpalast.
La dernière partie du trajet commence alors avec un nouveau changement de direction. Près de Visp, le Glacier-Express quitte la vallée du Rhône pour s'enfoncer dans la vallée de la Visper, une vallée longtemps considérée comme impracticable. Nous passons par Stalden où la route quitte la vallée en direction de Saas-Fee, longeons quelques villages de montagne détruits à plusieurs reprises par des avalanches ou des glissements de terrain, et atteignons enfin Zermatt, terminus de notre voyage, station rendue célèbre par le Matterhorn, paradis des amateurs de promenades, de randonnées ou d'escalade et des skieurs, mais offrant aussi encore bien d'autres possibilités.

Die lokalen Spezialitäten von Graubünden und dem Wallis sollte man sich nicht entgehen lassen.

Impressum

Titelbild:
Landwasserviadukt.

Abbildung Seite 2/3:
Die Fahrt über den Landwasserviadukt gehört zu eindrücklichsten Passagen auf der Strecke des Glacier Express.

Umschlagrückseite:
Von der Bergstation Sunnegga am Oberrothorn bietet sich ein fantastischer Blick aufs Matterhorn.

Bildnachweis:
Alle Fotos von Iris Kürschner, mit Ausnahme der Abbildung auf Seite 50 (H.-J. Arndt).

Gestaltung und Satz: Werner Poll, Putzbrunn
Umschlaggestaltung: Wolfgang Lauter, München,
unter Verwendung eines Fotos von Iris Kürschner
Kartographie: Achim Norweg, München
Lithographie: Helio Repro, München
Druck und Bindung: Westermann Druck, Zwickau
Printed in Germany

ISBN 3-939499-01-3
ISBN 978-3-939499-01-5

Altdorf
Susten-
pass
Göschenen
Oberalppass
Tschamut
Dammastock
3630
Hospental
Andermatt
Realp
Rhône-
gletscher
Furka-
pass
St.
Gotthard
Grimselpass
Oberwald
Airolo
Ulrichen
Münster
Nufenenpass
Goms
Kandersteg
Aletschhorn
4195
Großer Aletschgletscher
Lötschberg-
tunnel
Niederwald
Fiesch
Rhône
Glacier
Express
Mörel
Naters
Brig
Leuk
Visp
Vispertal
Simplonpass
Simplon-
tunnel
Stalden
Saastal
Glacier
Express
Stalden
Saas
Balen
Weissmies
4023
Sankt Niklaus
Saas
Grund
Domodóssola
Weisshorn
4505
Mattertal
Randa
Dom
4545
Saas Fee
Täsch
Unterrothorn
3103
Zermatt
Stockhorn
3532
Matterhorn
4478
Gornergrat
Monte Rosa
4634